O GATO NA ÁRVORE

O GATO NA ÁRVORE

Marco Antonio Martire

© Moinhos, 2018.
© Marco Martire, 2018.

Edição:
Camila Araujo & Nathan Matos

Assistente Editorial:
Sérgio Ricardo

Revisão:
LiteraturaBr Editorial

Diagramação e Projeto Gráfico:
LiteraturaBr Editorial

Capa:
Lily Oliveira

1ª edição, Belo Horizonte, 2018.

Nesta edição, respeitou-se o
Novo Acordo Ortográfico da Língua Portuguesa.

M378o
Martire, Marco Antonio| O gato na árvore
ISBN 978-85-92579-80-7
CDD B869.3
Índices para catálogo sistemático
1. Crônicas 2. O gato na árvore 3. Marco Martire I. Título

Belo Horizonte:
Editora Moinhos
2018 | 128 p.; 21 cm.

Todos os direitos desta edição reservados à
Editora Moinhos
editoramoinhos.com.br
contato@editoramoinhos.com.br

Sumário

O gato na árvore 7
A memória a quilo 9
Boa noite 11
Chope pra três 14
Esquerda e Direita 16
O canalha fundamental 19
Bem-estar geral 22
Vendem-se balas 24
O início, o fim, eu no meio 26
O homem-duplo 29
Whatsapp 32
Permissão de localização ativada 34
Saudade de uma pelada 36
Quinze minutos 39
Teatro de rua 41
Seleção natural 43
O fim daquela tarde 46
Olha a promoção! 48
O paradoxo do antropoceno e outros papos de bar 51
Palmas para a civilização 54
Dicas práticas para a criação de um Estado 57
De nascença 60
Selfies e acidentes acontecem 62
Bom sujeito 64
A mulher que chora 67
A gente vai 69
Eu sei quem é você amanhã 71
Sem ofensa 74
Sem calças 76
Eu nomeio, tu nomeias, ele nomeia 78
Ciclovia na calçada dos outros é refresco 80
Facebook distópico 83
A chance de ficar calado 85
Almoço grátis 87
Fecho os olhos, e agora? 89

Fones de ouvido e pokémons 92
O amor não está no ar 94
Para sempre 97
O amargo 100
Meus pés na pista 102
A primeira vez 105
Do amor ninguém escapa 107
Eu também sou folião 110
Endorfina, Dionísio, Apolo 112
No sol sou de assar as coxas 115
Minha breve história da pizza 117
Férias, este privilégio 119
Tantos assuntos 121
AGRADECIMENTOS 125

O GATO NA ÁRVORE

"Gato na chuva" é o nome de um conto matador de Hemingway. Lembrei dele porque recentemente, enquanto gastava a promissora noite de sexta-feira degustando um chope, identifiquei o felino — ágil feito ele só — descendo pelo tronco de uma árvore sinuosa, enraizada na beira da praça. O gato era de bom tamanho, tinha uma pelagem curta e preta, o branco em poucas partes, de modo que fiquei surpreso por tê-lo descoberto na árvore, oculto no breu da folhagem.
Estava na certa caçando. Mas caçando o quê? Do que se alimenta um gato livre na vastidão de uma praça? Os pombos ninguém esquece de alimentar, mas os gatos vadios... esses para sobreviver precisam da musculatura em dia, sua liberdade de acasos impõe.
Nós em casa nunca tivemos gatos. Tivemos passarinhos, mas lugar de passarinho nunca será em uma gaiola. Gatos não tivemos. Houve tempo em que flertei com uma possível adoção, pensava em criar um gato, e decidi que seria preto. Os pobres gatos pretos levam a culpa dos males da humanidade. O povo por aí mata os bichinhos.
Teria por nome Spock, nome do sabe-tudo alienígena da franquia de cinema "Jornada nas estrelas". Mas as coisas não aconteceram como eu previa e adotamos um cãozinho. Preto e branco, vira-lata, herdeiro talvez de um ou uma *bordercollie*. Chamamos o nosso novo amigo de Ryker, o imediato do capitão Picard em "Nova geração".

Este ano acolhemos em casa uma nova vira-lata, a bela e carinhosa Ninna, nascida em 15 de novembro. A adoção de um gato parece ideia que não se realizará. É muita gente na nossa casinha e eu sou um sujeito danado de espaçoso.

Mas voltando ao célebre conto de Ernest Hemingway, o argumento é simples, como quase todas as histórias do mestre: sua protagonista, ao perceber um gato na chuva, põe na cabeça que quer e precisa de um gato para chamar de seu. O conto de poucas linhas está disponível na rede, fácil de achar. O gato não via chuva, era uma noite seca, estava é na árvore mesmo. Da minha posição pude perceber os movimentos precisos e o silêncio de predador. Procurei por sua presa, mas meus olhos não bastaram. Contentei-me em acompanhar o avanço do gato descendo pelo tronco da árvore. Imaginei suas garras firmes no trabalho de mantê-lo sempre vivo. Sua inteligência de felino preparada para as contingências da vida.

Um homem corpulento então me abordou oferecendo um enorme e reluzente relógio. Agradeci a oferta, mas não havia gostado da joia. Voltei a procurar pelo gato. Sumiu da árvore, sumiu da minha vista. Eu pensei cá comigo: agora só na internet ou na tevê.

A MEMÓRIA A QUILO

Quando eu era criança não havia restaurantes de comida a quilo. A novidade surgiu um pouco mais tarde. De repente, dezenas de restaurantes passaram a vender comida na balança. Eu, na época, apenas estudava, comia sempre em casa, portanto não tirava vantagem da incrível invenção. Assistia de longe: em um só prato brilhavam juntos o bife de panela e a bolinha de queijo (típica das festas de casamento e aniversário), também cabiam no prato o arroz com feijão e o churrasco, a linguiça frita ao lado da salada. Foi uma febre.

Outra coisa que não existia quando eu era criança são as grades protegendo as portarias dos edifícios. Nem tenho conta das vezes em que, voltando da escola, invadi em correria as portarias da rua, brincando de piques mil. As mães vinham em conversação no caminho, aproveitando o convívio, nós crianças corríamos para frente e para trás freneticamente, sempre sabendo que a brincadeira tinha prazo para acabar: quando as mães chegassem à nossa portaria teríamos que nos resignar e subir, chateados porque em seguida viriam obrigações como o dever de casa, o banho, a janta, deitar na cama quietos e dormir.

Outro lance que nessa era não existia é a fila única de banco, com senha ou sem senha. As filas de banco então imitavam as das caixas de supermercado. Sei porque ia ao banco sempre: meu pai foi comerciante, cartão de crédito se usava pouquíssimo, eu e meus irmãos é que fazíamos no banco o depósito dos cheques. Confesso que ir ao banco nunca deixou de ser essa tarefa aborrecida, papai pedia, tínhamos que discriminar na guia de depósito os cheques um a um, somar com velha calculadora, conferir, sair de casa depois do almoço e enfrentar as filas. Nos horripilantes dias 10, depois dias 5, o banco enchia terrivelmente e sofríamos. Se déssemos a sorte de escolher uma fila boa, tudo se resolvia em 15 minutos, caso contrário a espera podia durar quase meia tarde. Enfrentar a fila longa, às vezes, podia ser jogo também, sabendo que o caixa trabalhava em ritmo acelerado. Lidávamos com uma espécie de ciência.

Cito estas memórias de forma sucinta, já que não é minha intenção sobrepesar ninguém de lembranças cascudas. Digo por curiosidade, talvez o leitor não seja tão nascido quanto eu, saber desses detalhes pode ajudar em algo, o que duvido. Estes detalhes mal servem até para memes, aposto que nem ao Google importam.

No calor deste verão, importa mesmo a qualidade do aparelho de ar-condicionado, outra novidade que apenas o colega rico da escola gozava. Assim como o videocassete, que no século XXI sumiu da memória. Sumiram também os açougues de rua, tão numerosos antes quanto as farmácias hoje. Multiplicaram-se os carros, caminhões e aviões e tal e tal, etecetera e tal.

BOA NOITE

Um senhor vinha à noite subindo a ladeira, mancando de uma perna, enquanto eu descia a rua com meu cachorro durante nosso passeio noturno. O homem subia com uma determinação tranquila, apesar de sua evidente limitação, como se seu esforço incomum não tivesse nada a ver com o movimento incompleto de sua perna. Era apenas uma questão de simples movimento, chegar quem sabe em casa, quem sabe onde.

Percebi na hora que a imagem mexeu com minha memória. Como um lago onde se toca o fundo, as águas da memória turvaram com a força desastrada do meu toque, fracassei em conscientemente recuperá-la. Fui descendo a ladeira, era pouco mais de nove da noite, noite jovem, portanto.

Escrevo sobre o encontro, mas quase me arrependo. Não sei do que se trata o assunto e não quero errar. Ignoro o que fazer com essa imagem, sei que era importante, mas me falta a conexão. Minha memória não é tão boa quanto o ego me faz crer. E reconstruí-la seria tão bom ou mau quanto olhar para o lado e desligar do senhor negro que subia a ladeira.

Parecia só. Mancar era o seu exercício e eu tinha o meu cão, que puxava a coleira querendo cumprir logo o passeio. Sentir solidão quando se observa alguém que está próximo é estranho, se há duas pessoas justas e estão sós, que compartilhem a calçada e a lua no céu! Acontece.

Penso também em nós como personagens, o protagonista na calçada sou eu e um homem sobe a ladeira mancando. Enquanto escrevo tomo a calçada dele, agora sou eu e esta crônica, sou uma espécie de ladrão. Mas é que, se escrevo, algo além de nós vive através da crônica e me redime. Não há como negar. Atravessa o tempo a energia do nosso encontro fortuito, para frente e para trás, como estava planejado, diriam alguns. Não há ausência, há papéis. O espaço e a memória preenchidos, esta retocada feito um quadro, quem lê decide sobre a história da ladeira: se eu que descia com meu cachorro ou se aquele senhor que subia mancando.

A memória narra veladamente esta experiência. Eu poderia ter parado o sujeito e feito uma *selfie* importante. Mas é claro que não tirei foto alguma. Continua aquele momento sendo da memória, que não me diz por que ele é importante, memória que um dia irá falhar outra vez, quando reconstruída pelas sensações do presente. Existirá a noite úmida e o silêncio da rua?

Somos ele e eu um e outro, passando um pelo outro na calçada, e não sei qual a marca com que gravo este instante. O rosto do homem eu já esqueci, seria uma imagem adequada da memória, seu rosto estacionado na lembrança como chave de um momento enigmático.

Quando nos cruzamos finalmente na ladeira, ouve a rua toda um boa-noite claro e amistoso da parte dele, um boa-noite que não existe mais, um boa-noite de um vizinho em terras antigas e precárias. Um boa-noite cordial entre homens, um cumprimento denso e vivo, que não tem mais lugar. Ficou sendo, portanto, a noite daquele boa-noite, um boa-noite que só faz sentido no espaço compartilhado, um boa-noite gratuito durante uma noite banal. Sem rosto de parte a parte, uma saudação quase apenas sonora. Eu nunca pensaria em não responder. Procurei imediatamente devolver o favor e emprestar ao meu boa-noite a impressão de lembrança. Talvez signifique algo para ele, ou mesmo nada. Mas se nada, de qualquer forma, esta é a história de um senhor que manca subindo a ladeira e que deseja boa-noite como um sábio protagonista. Afinal, subia. Enquanto eu descia. Creio que as direções importavam.

CHOPE PRA TRÊS

Eu tomava um chope depois do serviço e o sol do fim da tarde anunciava que logo ia embora, estava quase na hora daquele lusco-fusco que prepara a noite. É sem dúvida minha hora predileta, a luminosidade costuma ser incrível, o mundo ganha em controvérsia: é um mistério o que ocorreu durante o dia, é uma promessa o que virá durante a noite.

Nessa tarde entrou por acaso na choperia uma amiga. Não nos víamos há muitos meses e depois dos abraços e beijinhos sentou-se comigo para matarmos juntos a saudade. Formidável ter companhia nessa hora, podíamos até com intimidade contemplar em silêncio o momento único.

Mas ela não estava nessa *vibe* de contemplar. Fez valer o encontro, foi me colocando a par do que rolava na sua vida. Céus, que vida agitada! Em vão eu procurava penetrar naquele inspirado monólogo. Depois de uns quinze minutos, creio que ela sentiu minha necessidade e fez uma pausa para respirar. Calou-se por segundos, como se dissesse: era a minha vez.

A tarde findava, eu não estava mais só. E a vida?

Respirei fundo e ia dizer tudo.

Mas não tive chance. Duas amigas dela passaram pela rua diante de nossa mesa e as três também não se viam há muito tempo. Muito menos tempo do que eu, pelo que entendi, apenas duas ou três semanas. O que são semanas perto de dois ou três meses? Só digo isto: perdi a prioridade.

É claro que fui apresentado. Mas rapidamente as três enveredaram por uma conversa curiosa em que todos os assuntos exigiam comentário. Não conheciam Facebook. Mal consigo citar um dos assuntos, fiquei perdido com a velocidade. Lembro que falaram dos respectivos cães de estimação, eu também tenho um e fiquei na esperança de conseguir também contribuir.

Ainda que estivéssemos na sombra de uma árvore frondosa, uma do século do Brasil colônia, diante de um pôr do sol límpido e matador, ainda assim eu seria perto delas o cara calado. Resignei-me. Pelo menos não conferiam os celulares e estavam lindas animadas com a própria conversa.

Uma delas propôs tomarmos um café, mas percebendo minha óbvia preferência pelo chope concluíram que café seria inadequado. Eu agradeci a gentileza e esta foi a única palavra que proferi durante o feliz encontro das três amigas: um obrigado com a sinceridade que eu podia. Sincero de verdade.

Depois de duas rodadas de chope, o papo terminou com a mesma velocidade com que iniciou. Naquele momento, as três amigas precisavam partir, louvaram aqueles dois chopinhos clássicos e a bendita conversa que alegrou a noite. Despediram-se de mim como se fôssemos mais amigos desde então. Beijinhos e abraços.

Foram embora. E o meu lusco-fusco passara, as luzes da cidade acenderam sobre a rua e sobre a minha mesa. Não havia mais nada a fazer do que ir para casa, a noite prometia solução para alguns, o meu dia seguinte era de pegar contente no batente.

Nem precisa perguntar, não há imagens do evento.

ESQUERDA E DIREITA

Aconteceu duas vezes. Quase fui atropelado por uma bicicleta quando cruzava a ciclovia distraidamente, enquanto zerava o cronômetro ao iniciar minha tradicional corrida. Creio que o descuido foi em função de um problema que tem assaltado meus dias: tenho convivido com uma incapacidade danada para discernir a esquerda da direita e vice-versa. Sério, atravessei a pista da volta na ciclovia olhando para a direita, a mão contrária, eu e a ciclista quase nos atingimos, foi uma sorte do céu, porque ela com um desvio ultrarrápido foi embora, eu fiquei parado, feito um ser do mundo bestial.

Esta confusão entre as duas direções fundamentais tornou-se frequente desde então, naquele instante eu a detectei, e já me afetava por um tempo desconhecido, impossível de estimar. Se eu fosse abusar da memória, recurso cheio de falhas e enganos, ficaria dias perfeitos na busca, desisti logo. Outro algo que poderia fazer é me corrigir, procurar provas da confusão, coisas da direita largadas fora de lugar, no lugar onde caberia melhor um outro algo da esquerda. Negócio de maluco, faz algum sentido?

Talvez alguém pense daquela ciclista, que quase atingi com minha distração de olhar errado para a direita, que ela não teve peitos de parar a bicicleta ali mesmo na ciclovia e me passar o esporro que eu merecia. Não sei se foi bem isso, da segunda vez em que cometi o mesmo erro, desta vez estava olhando para a esquerda na pista de ida, era um homem na bicicleta e ele também não parou. Talvez seja uma norma de convivência da ciclovia: não se estresse, não vale o estresse, apenas siga em frente.

Em frente dá para ir, é a direção para onde costumo olhar, não é garantia de segurança, acidentes podem ocorrer também, mas pelo menos sigo a vocação do tempo. Quando não olho para baixo cansado... porque olhar para a estonteante direita e para a fascinante esquerda dá um cansaço de monge. Para que pagar o preço de se viver em uma cidade caríssima como o Rio se não consigo apreciar a vista? Gostaria de saber onde é que eu protesto. Eu preciso, eu tenho que correr diariamente. Assim corro o risco de ser atropelado por uma corrente contrária bradando que não conheço as normas de convivência. Assim fica difícil, alguém paga analista que explique o que é a direita e a esquerda? Duvido e é óbvio que o especialista fica rico de simplesmente ouvir meus delírios loucos de uma cidade utópica, onde seguir à direita ou à esquerda seria simplesmente questão de ir em frente.

Esqueci que também existe a possibilidade de voltar atrás, aí no caso eu desistiria do meu exercício e recorreria ao boteco da esquina. Lá não existe problema de direção, o sujeito bêbado aproveita o sexto sentido que o guia no caminho de casa. O bêbado chega em casa sempre, nem se preocupe, vai vai vai, pode atravessar, cuidado com o degrau da calçada, pronto, tá em casa, a chave tá no bolso. Alguém ouve a turma do sujeito gritar esquerda ou direita? Para o bêbado, esquerda e direita não existem, é só uma forma de dizer boa noite ao cidadão que entrega o seu discernimento para a turma do boteco.

E no trânsito, eu me arrisco pouquíssimo, não sou ágil ou veloz o bastante para os caminhos, viro para a direita, putz!, esta direita é uma merda de direita, ou então tomo a esquerda, esquerda deserta e sem sinalização, cacete!, esquerda sem saída. Gosto quando o táxi tem GPS ou Waze com uma voz sexy orientando, que troço legal!, ninguém se dá ao trabalho de questionar a sanidade da virgem, a galera até sonha que transa, é o sonho de plantão: eu vou, mostra o caminho, tira minha roupa que estou adorando.

Na boa, assim mesmo: sem saber o que é direção, seguimos na esperança safada de que tudo dê certo. A gente se vira com o instinto.

O CANALHA FUNDAMENTAL

Não consigo encontrar relevância maior neste momento, mesmo premido pela lógica destes dias que antecedem o Natal, esqueço a força da compaixão coletiva transformada em compulsão consumista, penso no arquetípico canalha que assola este país. Penso nele porque é nesta época do ano que o canalha fundamental se torna mais evidente, fica impossível para ele se esconder do que é genuíno no coração das famílias, dos humildes, das minorias. Eu desconfio que o canalha já nasça com o caráter estampado na testa, chega no berçário e a galera já o reconhece como guia, será ele a deter entre os grupos as qualidades que forjarão uma imagem do bem, de parceiro, de amigo de toda a gente. Com este apoio desde o berço, esta vantagem social inata, é que será capaz de obter todos os títulos ostentáveis, porque será um mestre das picuinhas e pequenezas, dos abraços e beijinhos. Conhecedor de nossas fraquezas e ambições, o canalha fundamental quer subir na vida e então ele começa a escalada.

É preciso ser limo para que este canalha não nos monte nas costas. Ele é incapaz do trabalho árduo que uma sociedade sã exige, promete gratidão, frequenta os amigos, graceja, exala perfume e conta piadas boas.

Canalha tem de todo jeito, o gênero é amplo, mas o que mais interessa a esta crônica é aquele que forma o brasileiro: o canalha que fura filas, que bloqueia cruzamentos, que compra carro do ano, mas não paga empréstimos, aquele que puxa o tapete por recalque e que sobrevive de adulação, aquele que corrompe e aquele que é corrompido. Que age como o camelo e não consegue enxergar outra oportunidade que a poça a brilhar diante de todos os olhos. Sua personalidade movediça o carrega, explora qualquer fonte até que reste seca, não é capaz de cultivar uma planta, imagina sempre que amanhã será pior o dia.

O canalha fundamental desconstitui a esperança, pois vive de explorá-la nos ingênuos, nos cabisbaixos e nos distraídos. Vive em todo brasileiro, de uma forma que hoje dele somos indissociáveis, vez ou outra o canalha em nós toma o controle e cumprimos o que era impensável, o mal que criticamos semana passada. Eu nunca! Por conta deste canalha lotamos as academias, lotamos as praias, pois precisamos estar em forma para lidar com suas artimanhas. Alertas! Quem não quer desferir um murro nas fuças deste canalha? Mas preferimos ser seu amigo.

Nosso canalha fundamental vive do que se convencionou chamar de esperteza, ele está é no princípio de nossa burrice. Ele viceja desde os tempos da fundação deste povo, quer se dar bem desde lá, todos conhecemos este gene, ele é um com nossa sociedade. Porque admiramos o canalha secretamente. Porque ele exibe, nós sabemos, uma loucura nos olhos que desejamos, aquela capacidade de sobrevivência enquanto o outro cochila, ainda que esteja por dever no turno de vigília, que se dane! É a hora de passar o rodo, de fazer o ganho, de me dar bem.

Destaco o canalha fundamental nestes dias de Natal porque nesta época a compaixão descola dele de tonta e envenenada, nestes dias seu humor azeda e sua tolerância emocional zera diante do pernil da ceia montada para seu desgosto. Mas ele não permite ausência, por isso discursa no vácuo dos bons, e suas palavras soam frágeis, o bebum atento sabe que soam frágeis porque falsas. Só que o Natal passa logo, passa, passa o dia 25 de dezembro e o canalha retorna para o seu posto de gozo costumeiro. Ele é o brasileiro por quem protestam e creio que nunca será por nós derrotado. O canalha fundamental está registrado na certidão de nascimento, no RG, em nosso CPF, está no registro de quando casamos. Muita gente o admira, quer ser igual. Muita gente faria, feito ele, qualquer coisa pelo sucesso deste incrível país.

BEM-ESTAR GERAL

Para a geração Z (a galera nascida entre os anos 1990 e 2000), não faz sentido algum ser escravo do trabalho. Por isso, especialistas acreditam que o circunspecto mercado passará nos próximos anos por mais uma transformação: a meta será evitar gastar infinitas horas do dia ou da noite dentro de uma empresa. Essa tendência de viver será tendência também de consumo e já foi mapeada, possui até nome entre os estudiosos: ela é chamada de *wellness*. Seu potencial global foi estimado este ano em três trilhões de dólares, o que supera inclusive as vendas mundiais da poderosa indústria farmacêutica.

É incrível imaginar que uma nova indústria como essa, interessada especialmente em oferecer bem-estar às pessoas, possa ganhar em poderio de gigantes como a indústria de medicamentos, justamente a indústria que é interessada em garantir nossa saúde. Não é? Para o mercado ainda são duas coisas diferentes: saúde e bem-estar, uma conclusão que pode iniciar várias conversas exatas.

Uma delas diz respeito ao mundo que nossa espécie inventa. Que mundo será capaz de gerar o tal faturamento trilionário? No mundo em questão, as pessoas vão trabalhar menos, porque será mais importante aproveitar a vida e gozar tipos incontáveis de prazer associados ao entretenimento. Estamos falando de uma sociedade sofisticada, íntima da inteligência artificial, da robótica e das realidades virtuais.

Outra conversa que podemos ter é sobre o *homeworking*. O mundo do trabalho caminha para o exercício das tarefas profissionais em casa. O sujeito acorda, lava o rosto, faz o desjejum e em videoconferência com seus colegas inicia suas atividades produtivas. Há quem ache bizarro, mas prosseguimos rumo à sagrada individualização faz tempo. O engraçado é que nunca deixamos de ser manada.

Papo insano? Nem tanto, pois a verdade é fácil de admitir: saúde e bem-estar já são o mesmo tópico na cabeça das pessoas. Vivemos com vontade de perdurar, o que muda é a receita. Tem quem tome comprimidos das mãos de geriatras, tem quem aposte nos exercícios com *personal* ao ar livre, tem quem ponha fé nas receitas da *chef* natureba. Entendo que apenas uma verdade é prejuízo, principalmente para a geração Z, só uma verdade não serve à diversidade. Daí que hoje eu quero aquela receita, amanhã eu tento a outra, depois eu quero mais uma. O cobertor é que continua curto.

Falo de cobertor curto porque o leitor sabe, essa história fantástica de trabalhar menos — porque o que importa é consumir de acordo com nosso bem-estar — carrega em si contradições importantes. Juro que uma galera vai ficar fora dessa utopia consagradora do engenhoso *sapiens sapiens*. A espécie humana não me decepciona, sei que ninguém vai querer faltar nessa farra, então haja competição, tome hora extra e terceirização, tome trabalhar e tratar de ganhar muito dinheiro, que no fim das contas é o que garantirá lugares nesse parque de diversões. Estresse. Estresse demanda necessidade de bem-estar. Ponto para a civilização, por enquanto a maquininha, passa o cartão. Amanhã a gente vê.

VENDEM-SE BALAS

Na base da escadaria, a menina de rua vende balas e lembro-me de quando a expressão que a define aqui era quase apenas masculina. Existiam somente "meninos" de rua. As meninas escapavam desse destino ou então fugiam de minha vista de pedestre. Não lembro quantas meninas faziam parte da turma de "Capitães de areia", romance de Jorge Amado, sei que neste início de século XXI as meninas parecem tomar parte igual desse time de abandonados, meninas e meninos de rua a quem nós imaginamos que o acaso empreste as refeições das manhãs e das noites.

Penso em uma esperança. A menina de rua vendia balas na base de uma escadaria e um homem passa apressadamente, percebe o que a menina vende e entrega a ela dez reais. Ele não quer a bala e a menina esboça uma expressão de surpresa enquanto o homem prossegue. Alguns metros depois, o sujeito se arrepende: percebe que não ensinou nada com seu gesto, valorizou a mendicância, o ato vicioso de pedir, e não o trabalho. Portanto, retorna. Mudou de ideia, pede a mesma bala de antes, pela qual pagou dez reais. E a menina implacável responde: se quer a bala, precisa pagar os dois reais.

Para um boçal como esse, não resta outra alternativa que pagar os dois reais pela bala, entender que gastou doze reais ao todo no doce e seguir em frente. Da próxima vez, será tão esperto quanto aquela criança, quanto qualquer um. Na entrada do show, ocupará a fila com redobrada atenção, para que não roubem o lugar cativo diante de seus ídolos. Vai também respeitar quem prepara o jantar com cuidados de enfeitar a travessa de comida sobre a mesa. Quem sabe poderá um dia admitir que a menina de rua lhe deu uma lição, neste momento não pode, porque pagar o aluguel do apê pressupõe que o chefe tenha poderosa confiança no seu faro para o gol. Talvez admita a velha lição quando subir uma escadaria e perceber que uma jovem sobe a mesma escadaria mais rápida, mais leve e mais alegre. E viver esse dia talvez seja frear os próprios passos que sobem junto ao corrimão, para não enxergar o casal abraçado depois das catracas, realizando um beijo difícil de suportar se alguém na estação não tem setenta anos.

No dia em que a menina de rua vendia balas, ele pagou primeiro dez reais, depois mais dois reais, agradeceu pela bala que estava à venda e foi embora para casa. Quando cruzou o espaço diante da loja de pães de queijo, reparou que saía uma travessa quentinha do forno, recordou-se da fome e esboçou um sorriso irritante.

O INÍCIO, O FIM, EU NO MEIO

*"quer me ler, não quer me ler
quer ou não quer, diga sim
quer o jantar frio na mesa?"*

Recentemente acompanhei a inauguração da lápide do pai falecido de um amigo. No mesmo dia, nasceu a filha de um amigo meu, mas acabei não indo visitar a recém--nascida na maternidade. Outro amigo observou então, ainda no cemitério, que era uma dádiva o meu dia, pois no espaço de vinte e quatro horas eu testemunhava o fim de uma vida e o início de outra. Sou um cara meio durão e desatento, o presente não me ocorreu na ocasião e o comentário acabou ficando para hoje.

Apesar de não ser bem um religioso, eu aprecio igrejas, especialmente quando vazias, é um ambiente que me fascina bastante, o silêncio, a atmosfera de introspecção. Pasmem, mas o mesmo posso dizer de cemitérios, não chego a meditar por lá, pois me parece bastante medonho, apenas deixo a solenidade das cerimônias de luto me impressionarem. Penso nas tradições que cultivamos, no momento do fim, elas trazem um conforto danado, aquelas regras tentam nos mostrar o caminho da paz, faça isso e faça aquilo, quem sente o transtorno de perder um ente querido certamente agradece.

Não estou falando das necessárias questões que envolvem dinheiro, chamo atenção apenas para essa paz que acolhe a ausência, não esquece, acolhe. Chega o momento em que temos de buscá-la, nem que seja para compará-la com o nosso estado de espírito, que anuncia claramente:

é o fim de todos nós. Tenho amigo que diz não temer a morte, eu tenho um medo terrível dela, mas acredito que ao vislumbrar seu sorriso indescritível só nos resta sorrir-lhe igualmente de volta. Rapidinho, que manter a pose por muito tempo no caso pode não ser uma boa política.

Já quando entro em uma maternidade, o assunto é outro: é a explosão do universo desta vez se manifestando diante de mim, tive a oportunidade de cobrir um parto quando fiz uma matéria para o jornal do meu bairro, o bebê não era meu e ainda assim a emoção foi incrível. As mães são criaturas abençoadas e não há elogio que torne aquela hora mais verdadeira, de uma simples barriga nasce outra chance para nossa humanidade, surge uma nova história que será escrita com amor e vontade, com determinação e temperança. O mundo precisa, o que seria de nós se não fosse a vida a mover as cordas a cada nascimento, alimentando a eterna cadeia de eventos que nos trouxe até aqui? Tudo muda, mudamos nós.

Um bebê, dois bebês, três bebês e teremos uma turma boa que frequentará os mesmos playgrounds, os campos de pelada, as academias, as corporações. É natural achar que vai dar merda, já deu por muito tempo, mas quem sabe? Talvez essas crianças se deem conta que no planeta cabem todos comendo muito bem se repartirem o pão, que a natureza pode ser a maior aliada da espécie se tratada com respeito, que violência conduz à violência sempre, e que de boas intenções o inferno está cheio.

Como conviveremos com crianças assim? É uma resposta que nos escapa, serão os novos revolucionários? Serão importantes reformistas? Serão vítimas dos jogos vorazes que poderosamente praticamos do nascer ao pôr do sol de cada dia? Brincamos de criá-las sem saber o que vai acontecer, são lindas criaturas que emocionam desde que nascem, mal sabem que precisamos delas com fervor de perfeitos fanáticos, queremos para elas as maiores felicidades. Fazemos tudo por amor.

Por amor nos deu lindas, mas também terríveis histórias, não quero lembrar o que já fizemos em nome do amor, dá tanta coisa que a balança poderia tombar, para qual lado não se sabe. Sei que continuamos por aqui, o que é um bom sinal.

Quando nasce um bebê, nascemos e o melhor ser humano que há em nós segura mais fortemente o bastão. Só que muitas vezes não.

O HOMEM-DUPLO

> *"avistei a forma dela ao longe*
> *as asas mudadas em braços*
> *confortáveis como telhados.*
> *nos pulmões um grito firme!"*

Tempo passado, tempo presente, tempo futuro. Desses três tempos, aquele do qual gosto mais é o presente, depois o futuro e por fim o passado. Explico logo minha preferência, embora não haja muito o que dizer: viver o instante, apreciar o momento, estas são frases que pertencem ao senso comum de tão batidas, o leitor já terá com certeza esbarrado com elas hoje pela internet, estão aí aos montes. O presente então é o nosso campeão, não resta dúvida, mas e quanto ao futuro e ao passado? Qual deles é maior merecedor de nossa atenção? Descobrir não é tarefa fácil, uns preferem a memória, outros fazem planos.

Eu que lanço esta dúvida, confrontado, obrigado à escolha, fico com o futuro, sou do time que faz reverência a sonhos, que investiga ideais, considero essas forças bonitas. Vê-las exercendo seu poder devagar sobre o presente, estabelecendo-se pouco a pouco até a realização, provoca em mim uma satisfação sempre desconcertante, como se o fato fosse na verdade fortuito, viesse do nada. Sabemos que não é assim, nada surge ou acontece por acaso, nós é que fomos distraídos, nossa percepção insuficiente. Gostamos de achar que houve uma surpresa.

Mas o passado também tem seus mistérios, aprende-se com os dias a lidar cada vez melhor com ele, não se engane, o passado também exerce uma força sobre o presente, poderosíssima, muitas vezes insidiosa, traiçoeira. É uma força de outra ordem, mais real, ainda que normalmente oculta nas construções, e eu desconfio bastante de suas ilusões estranhas.

Passado e futuro, ambos se fundiram semana passada quando encontrei um amigo que chamarei nesta crônica de homem-duplo. Foi durante muito tempo um rapaz de pensamento rápido, que não permitia queixas perto de si, caminhava com a destreza do vento e projetava uma aura admirável de futuro. Não tinha quase passado atrás de si, evidente, portanto prosseguia ávido só pelos desafios, vencia. Um dia então perdi o contato.

Pois foi ao reencontrá-lo que obtive a surpresa. Toda a natureza dele hoje se inverteu, ele é o homem daquelas promessas cumpridas, ele as realizou, sem dúvida, mas está indiscutivelmente diferente. Falamos dos anos que foram, daquelas glórias, mesmo das mais pequenas, com a mais terrível das reverências. Terrível porque de sua boca elas partiam para a conversa com uma direção inevitável: foi, fomos, aconteceu, não acontecerá outra vez. E o futuro, que pra mim é sempre radioso, transformou-se com a conversa em espera pragmática, um tópico abandonado. Vive-se.

Ficaram claros para mim os dois papéis. O passado cresceu, como cresce sempre cada vez mais e para trás, e o futuro sumiu, perdeu espaço na agenda, migrou para o coração de outros protagonistas. Quando será que se deu a mudança para o meu amigo? No coração do homem-duplo talvez o sabor do futuro sobreviva de uma forma que eu desconheça, mas em algum lugar de sua história, eu suspeito, ocorreu a dessemelhança monumental: foi um homem de futuro, hoje é um homem de passado. Talvez ele seja diante de mim o homem adaptado, uma evolução que força a mão sobre minha cabeça. Mas talvez tenha perdido algo, pergunto-me o que seria.

Naquele passado que cultivamos, vive a maior parte do que é hoje o homem-duplo, não é mesmo impossível viver assim. E a nossa memória compartilhada, tão chocante quando ladeada pelo presente, reafirma mais e mais minha impressão da duplicidade, pensa que não perguntei do futuro? O futuro a Deus pertence, foi o que ele me respondeu sem um pingo de amargura. Sem um pingo de amargura, eu poderia jurar, meus amigos.

WHATSAPP

Sim, ela se foi, protegida pelos caracteres do WhatsApp, aplicativo que ambos usávamos incansavelmente, no lugar da conversa por voz via celular. Eu não sei dizer por que preferimos deste modo, o encanto se firmava no relacionamento e preferíamos trocar afeto em forma de palavras através do aplicativo. A tecnologia fascina. Mesmo assim, eu me perguntei várias vezes, quando ainda havia tempo de corrigir tudo, se não era mais legal ligar, destacar a emoção claramente, em alto e bom som. Ela parecia não se importar com o uso do aplicativo. Eu mergulhava de peito aberto na tela do celular, teclando e descrevendo o que sentia, marcando nossos encontros. Encontros tivemos muitos. E todas as vezes que tivemos sucesso em nos encontrar pelas loucas ruas desta cidade tropical eu poderia ter agradecido ao WhatsApp. Felizmente, não havia tempo para isso, eu e ela estávamos juntos e os beijos vinham substituir os assuntos, os assuntos vinham substituir os beijos. No celular, nossa conversa no topo dos nossos tópicos brilhava de tão utilizada.

O que me incomoda hoje é o tópico dessa conversa abandonada. Lá se vai o nosso tópico, cede o lugar às outras conversas que prosseguem, prosseguem e prosseguem. Nossa conversa desaparece devagar e eu contemplo sem jeito o seu destino. É o caso de procurar o WhatsApp — acho que o dono é o Facebook — e pedir que faça uma exceção: mantenha a conversa onde está, para que eu não me sinta tão desamparado.

Olá, seu Zuckerberg, dou esta dica: dê-me um prazo para assimilar. Quanto tempo não sei, mas se o aplicativo aguentar, um dia responderei. Minha resposta será assim: este tópico foi conversa adorável em outra era, finalmente encerro, nem sei o que dissemos, faça-o descer. Serei outro.

Tem valor diferente a conversa por telefone, tinha a conversa antes do e-mail, antes das cartas. Antes o amor era o afeto do presente, passou a ser também o afeto do passado. Creio pouco nessas visitas. Mas tenho aqui a memória e ela funciona, não é mesmo? Minha tarefa continua sendo encontrar o caminho através das memórias sem fim, conversa a conversa, tópico a tópico, agora também no aplicativo.

Não quero dizer mais nada. Fim de tópico. Não é abandono, nem desapego ou falta do que fazer. O tempo passa pra valer e o tópico que responde pela nossa conversa some de verdade, surge no WhatsApp e na vida uma distância antes inesperada, que se transforma em vereda antiga.

Vereda por onde eu caminhei sedento.

PERMISSÃO DE LOCALIZAÇÃO ATIVADA

Depois de instalar um desses aplicativos que promovem encontros, agora com base na proximidade entre os candidatos, o passo seguinte é vadiar pela cidade. Pois quanto mais o candidato anda e circula, mais chances de captar o perfil de seu possível par ele tem. A lógica é: cruzou com aquela mulher incrível, se ela também procura por alguém no aplicativo, certamente te perceberá na pista, uma examinada na tua foto é garantida.

Semana passada, com o aplicativo instalado, fui testar a novidade. É claro que ativei a permissão de localização, algo que antes não permitia, por que entregar onde me encontro? Nunca quis que me perguntassem: o que faz aí? Melhor fingir ao telefone que não escutou... você está onde?

Permissão de localização concedida, fui pela cidade a conferir de perto calçadas e monumentos. Não precisava mais admirar constrangido as mulheres lindas, podia ignorá-las com segurança, em minutos seus perfis estariam na tela do meu celular, entregando as melhores fotos, as frases de efeito e até as profissões.

Que maravilha.

Para tímidos como eu, é uma ironia.

Escolhi como destino uma cafeteria internacional, onde se vendem *shakes* de café. A fila enorme, mas o ambiente de eficiência prometia. No salão de sessenta metros quadrados, cerca de trinta pessoas bonitas se espremiam loucas por um café de cinema. A frequência era bastante diversificada, perfis para todos os gostos. Percebi que muita gente conferia o celular, será que já captaram meu perfil? Entrei na fila logo atrás de uma garota de peruca roxa, as mechas picotadas largadas com cuidado sobre a testa. Brincava no celular também. Eu preferi não mostrar o meu, fiz jogo duro. Fui lá saborear o *shake*.

Meu problema é que estou gordo, mas não havia o que fazer, tinha de provar a torta *redvelvet*, última fatia do balcão. A caixa entendia do que eu estava falando, trouxe a última fatia sem estardalhaço. Pôs na minha frente. Depois o copão de *shake*, decorado com chantili por cima. Uma vez sentado, resisti à tentação de conferir o aplicativo. E a caixa me entregara a senha do wi-fi, o que tornava a tarefa de me conter meio impossível: experimentar a velocidade da conexão naquele café era obrigação do programa. Foi difícil, meditação ajuda, acabou que deu certo: sentado à mesa de uma beldade esculpida em gente, preocupada à vera com as novidades do Facebook, comi e bebi quase que serenamente.

Quinze minutos depois, terminado o lanche, fui embora. Não me despedi. O sol forte estava doce feito o meu sangue.

No metrô, também não saquei o celular. Eu desprezo o wi-fi do metrô, não sou tão promíscuo assim. Precisava da minha casa, na segurança de minha própria rede as empolgantes candidatas surgiram na tela do aplicativo, mas não consegui ainda nenhuma combinação. Penso no passeio de amanhã, a permissão de localização continua ativada. Será que é muita exposição?

SAUDADE DE UMA PELADA

Recebi um convite para uma pelada outro dia. Já faz tempo que não toco numa bola de futebol e se fossem outras minhas condições físicas teria ficado feliz em aceitar. Mas declinei do convite. Por quê? Tenho a receita.

1) Abandone qualquer atividade física habitual

É o carma do ser urbano. Em vez de lutarmos para matar a fome do mundo, abandonamos a prática dos exercícios. A vida na metrópole é tão confortável e violenta, que aprendemos o caminho mais fácil da segurança doméstica. O noticiário é tão legal na tevê que é difícil ser organizado, a gente se rende feliz um dia no sofá e aquele dia se perpetua pela vida, como naquele filme da marmota com Bill Murray. Ser *expert* na programação dos canais a cabo também rende muita conversa e demonstrar como sabemos de tudo é o passatempo de 90% da humanidade. É tanta informação inútil que nossa energia vai para o ralo.

2) Conheça os bares e choperias

Eu sei, ela sabe, nós sabemos que aquele chopinho é inevitável. Não é à toa que se gasta uma fortuna tentando nos convencer a beber esta ou aquela cerveja. Não é à toa que tem sempre uma mulher gatíssima nos comerciais dizendo que cerveja a rodo deixa a gente mais atraente. É claro que ninguém acredita, o que gera mais um conflito entre os gêneros masculino e feminino: um e outro mentem no comercial, fingem descaradamente que acreditam. A verdade é que o chope gelado revigora a existência, os bares mais vagabundos ficam mais interessantes, faz-se amizades que vão durar a vida inteira dos bêbados. O papo prossegue de forma infinita. O calo na barriga cresce sem dó e a ideia de dieta nunca faz sentido.

3) Prove as delícias que tiver vontade

É tanta oferta do mesmo cardápio que o sujeito magro fica sem opção e entrega-se desanimado. Ele quer é uma comidinha nova em algum lugar bacana onde possa também levar a namorada para comer salada. Ele quer é um petisco inimaginável, que passe como iguaria pouco calórica. Só assim o papo na mesa não vai rondar os exames médicos que o cara morre de medo em fazer. Para compensar o pavor, na hora do almoço, sem a namorada, é comida a quilo por todo o enorme prato, especialmente preparada para encher o cara de sal até que peça um refrigerante e também a sobremesa. Se bebe um chope, então, depois do serviço e antes de chegar em casa, come um petisco, toma um chopinho. De novo e sempre. Mais vale um petisco na boca do que dois no salão voando.

4) Esqueça a boa postura no local de trabalho

Se o sujeito trabalha sentado, convenhamos: por que não escorregar de lado na cadeira? É tão fácil e gostoso, force o corpo no rumo errado, esqueçamos a inteligência! Mostra que aguenta o tranco! É a memória da selva jurássica, mania de parar à espreita da mesa. Na mais louca posição possível. Dos efeitos adversos cuidamos mais tarde, quando ficarmos senis.

Estes são meus quatro passos no caminho incrível do perfeito sedentário. São o adversário deste peladeiro em questão. A conta chega um dia, a minha chegou em forma de uma pancinha. Delicada e bonitinha.

Ai, ai, talvez o futebol não seja mesmo o esporte mais adequado neste momento. Ainda mais para mim que encerrei faz tempo minha vibrante carreira como atacante viril e rompedor de canelas. Cadê a explosão e a vitalidade? Que saudade dos meus pés na fôrma.

QUINZE MINUTOS

Um senhor armou uma cadeira de praia diante de seu prédio e sentou-se ali, na função admirável de simplesmente contemplar a rua. Fez isso durante quinze minutos. Não falo de gente que vive no subúrbio, onde é comum ficar largado na porta da residência e ali confraternizar com os vizinhos, acompanhar o vaivém da rua. Aqui no meu bairro não existe isso. Ou melhor, não existia. Hoje aquele senhor é o meu exemplo. É sinônimo de urbanidade, de uma civilidade que arriscamos jogar fora se passa batido por nós que a ira é sempre má conselheira e forma com o orgulho um casal de crueldade difícil de suportar. Sentado em sua cadeira de praia, em uma noite dessas que antecede a Páscoa, aquele senhor de sessenta anos observava o mundo, com uma paz que sabemos apenas aparente. Não havia como ignorar o clima sufocante das nossas últimas semanas. Mesmo assim, era bom vê-lo tentando durante quinze minutos, respirando com o talento de nadador olímpico. Bom vê-lo relaxar a face, enquanto descansava as pernas paradas sobre o chão de cimento frio.

Quem devia fazer isso era eu, pensa o seu cronista. Eu deveria ser essa fortaleza de quase bons sentimentos, assessorada por um corpo de paciência indelével. Só assim para abraçar o cotidiano nestes tempos de fúria, quando ódios novos e antigos querem porque querem a todo custo encontrar caminhos para virem à luz livremente.

E fico feliz porque não existe gênero melhor do que a crônica para transformar o que é peso demasiado em leveza, o que é rígido além da conta em superfície flexível: o senhor calmo diante de sua portaria, sentado como se na praia diante do mar, acompanhando o discurso perfeito das ondas brancas, o rebentar plácido na areia. Que inveja! Assistir àquele respeitável senhor foi minha epifania. Não se trata mais de meramente me render à polarização de opiniões, alimentando a fogueira onde querem tacar todos nós. Este cronista não deseja a fogueira para ninguém, quer é sua calçada de volta, quer ver a manhã bonita e decente, quer de volta a sedutora noite, por enquanto carrancuda.

Não sei se o tal senhor sabe do que estou falando. Meus leitores sabem. Não tenho feito outra coisa aqui que reafirmar a cada quinzena este viver: botar a cadeira de praia na rua, ou o que seja, ainda que por quinze minutos, observar minha cidade, escrever sobre o que é o coração.

Destaco sem medo de errar que não sou pedra dura. Ninguém é. Sei que às vezes há quem pareça, desculpe se desvio constrangido o olhar. Há pouco a se dizer, tenho inclusive os meus motivos. Pode ser que eu siga o exemplo genial da cadeira de praia na calçada e pare feito um tolo por quinze minutos. Mas corra depois também, muito e muito apressado, atrás de algo maior que conforte minha indignação.

Ainda assim, quinze minutos.

TEATRO DE RUA

Faz bem quando a gente se deixa levar por um passeio, como disse aqui outro dia o colega de crônicas e amigo Alexandre Brandão. Eu andava no centro da cidade meio atordoado, umas questões impediam o meu bem-estar, estava tenso e a cabeça pesava. Caminhar era difícil, mas pegar o ônibus parecia pior. Optei pelo metrô, decidido a saltar na praça do Largo do Machado e então andar a esmo, conferir o comércio, comer talvez uma esfirra naquele árabe ou beber talvez um chope em um bar desconhecido. A longa escada rolante da estação do metrô me levou à superfície sem que eu soubesse ainda por onde seguiria. Uma vez na praça, fui dar uma volta. Era sexta-feira e uma aglomeração de pessoas se reunia lá em torno de dois alegres palhaços. É claro que eu parei para acompanhar o show. Não havia nada melhor a fazer com a tarde do que assistir ao espetáculo daqueles fabulosos artistas de rua. Só quem já esteve em um palco, diante de uma plateia curiosa e entretida, hostil ou perturbada, sabe o que é preciso alimentar no coração para se meter em traje de bufão e sair contando piada uma atrás da outra, fazendo o povo rir. Aqueles dois palhaços eram minha salvação naquela tarde tensa, o teatro de rua corrigia meu dia e relaxava meu corpo, de um jeito simples que não tem nada de fácil.

Certamente aqueles dois artistas de rua dedicam sua vida ao teatro, para aquela arte importante, reverenciada pelas crianças, que riam e se divertiam longe das onipresentes telas, experimentando o essencial contato humano através de uma expressão muito viva e próxima. Talento. Talento no meio do povo e do abraço caloroso da gente. É uma arte para a qual se estuda muito, penso no tanto de trabalho e conhecimento por trás daquela maquiagem, daquelas roupas berrantes, daqueles gestos graciosos que nos tomam por cúmplices.

Não basta dizer que entende. Tem que sentir no peito enquanto se caminha na praça tenso como um cordão esticado, a cabeça pesada como uma bigorna. Só assim é possível bater palmas como as crianças, sorrir sem precisar teclar, sem que ninguém na rede tenha a mínima ideia do quanto a gente está se divertindo. Simplesmente rir, guiado pelas trapalhadas dos palhaços, esses mestres do mundo. E receber devolvida para si a tarde, antes perdida em função de preocupações tolas, que não valem um palito de fósforo aceso.

Eu sempre gostei de palhaços. Sempre gostei demais de mágicos, de trapezistas, de malabaristas. Tenho restrições aos domadores, aos atiradores de faca. Mas os palhaços são os reis.

Não foi à toa que contribuí para a estimada caixinha dos artistas. Era o mínimo, reconhecer a própria alegria, o corpo rindo, a paz devolvida ao coração. Mesmo os remediados como eu sabem o quanto vale o teatro de rua: vale um sorriso de gratidão.

SELEÇÃO NATURAL

Eu achava que essa atitude era uma lenda urbana. Nunca tinha presenciado. Nunca nessas condições, todos na mesma mesa? Os quatro rapazes praticaram algo, para mim inusitado, mas que é hoje absolutamente normal. Chegaram no boteco, escolheram uma mesa, sentaram, pediram seus chopes e imediatamente sacaram seus espertos celulares, começaram a teclar, a compartilhar, a curtir. Os quatro não, corrijo, um deles não tirou o smartphone do bolso, ficou bebericando o chope, um ato de resistência tão inútil quanto necessário. Graças a ele, percebo que a noite tem salvação, juntemos um de uma mesa ali, outra de uma mesa acolá, mais uns dois da mesma espécie e teremos a receita de uma mesa animada, falaremos do que quisermos, xingaremos o governo, malharemos a oposição, reprovaremos o amigo descarado, esticaremos os olhos para aquela mulher incrível. Essa alegria toda ao imenso ar livre, sem ligar para quem estiver por perto!

Bom, né? Mas o meu assunto aqui é a tal atitude. Durou diante de mim uns impensáveis vinte minutos. Posso até imaginar que alguém irá considerar o tempo irrisório e perdoará aqueles jovens canalhas. Posso até imaginar que alguém os chame de campeões. Vai ver são mesmo, serão quem puderem ser, preciso ser compreensivo, quando chegar a hora saberão como trocar uma ideia, saberão quando se queixar de um relacionamento sério, saberão

43

para quem reclamar de um chefe rancoroso e como se dirigir ao garçom quando o pedido não estiver de acordo.

Neste ponto da conversa, eu preciso confessar: meus primeiros semestres na faculdade de comunicação foram desastrosos. Tenho grande parcela de culpa, mas aqui quero fazer a minha defesa: passei os dois últimos anos do ensino médio estudando feito um camelo, assimilando os assuntos por osmose a partir do quadro negro enquanto os professores despejavam matéria na sala de aula. Alcancei a faculdade com alegria e os professores de lá vieram então com a novidade: exigiram de mim uma posição crítica. Crítica, professor? O que é isso?

Nem sei se aprendi direito, por isso entendo esses rapazes junto aos smartphones. É pedir muito o mundo atento ao mundo real, as bocas afiadas nos assuntos importantes, não sei se meus professores da faculdade eram bons o bastante, porque a internet apenas engatinhava. Mas aposto que falhariam em manter concentrada minha turma fora de nossa coleção de vídeos, curtidas e comentários.

Se os rapazes nem reparam na cor do chope, a não ser que queiram tirar uma foto para impressionar a galera virtual. Erguem as caldeiretas lindas de chope e registram como a vida é fantástica, bebem um gole estiloso e pousam as caldeiretas feito gênios na mesa.

Ai, ai, que peso! Eu não sei se devo me adaptar tanto. Darwin ao meu alcance já é passado, preciso de uma teoria da seleção natural que leve em conta a velocidade que o povo exibe ao teclar minúsculas letras na tela *touchscreen*, uma teoria da seleção natural que diga quando devo me render ao novo supersistema operacional, uma que explique como impedir que irritantes janelas de propaganda tomem tanto tempo de clique. De clique.

Enquanto isso, este mundo complexo em que estou metido assiste a esses jovens, que sentam em grupo em uma mesa de boteco linkados totalmente nos seus smartphones. Eu aceito a curiosidade, sou mais um que costuma beber seu chopinho quieto, largado na mesmíssima cadeira. Ai de mim se trocam de lugar aquela cadeira! Curto observar dali o meu mundo, óbvio que a galera do smartphone também deve observar o deles.

A seleção natural que se dane.

O FIM DAQUELA TARDE

É aquele fim de tarde em que a gente se percebe ao sair do trabalho, quando corremos para alcançar o ônibus, para pegar o metrô, para avançar nem que seja a pé no caminho para casa. Porque somente em casa é que relaxamos, quando relaxamos! Tomamos um banho, trocamos com alguém um beijo de olá, ligamos a tevê.

No caminho para casa tento manter a cabeça erguida, que a tarde ao redor seja consciência através dos sentidos, que eu enxergue, apesar do caos aparente, que eu enxergue, exijo minha cabeça erguida.

O casal e a multidão querem atravessar, o casal discute e sou testemunha, poderia dar uma honesta opinião, uma opinião razoável ainda que inútil, já que daquele drama conheço tão pouco, sei que ela é bonita e ele incrivelmente feio, dá vontade de perguntar: o que faz com esse sujeito?

Convocado a falar, eu tentaria ser neutro, como se não tivesse minha própria experiência onde catar julgamentos, na verdade é sempre a nossa experiência que conta.

No metrô eu perscruto a janela, as negras paredes que passam velozmente como sinal de que o vagão está em movimento. Experimento olhar para o interior do vagão, para as pessoas que não relaxam com os smartphones ligados, as orelhas ocupadas pelos fones de ouvido. Observo a senhora que puxa assunto com a dupla de músicos que entretém os passageiros. Ela dá a eles dinheiro.

Defendo-me do show com os fones de ouvido, me entrego ao fim daquela tarde, a tarde ainda é um sonho no metrô debaixo da terra, posso imaginar que o céu parece vacilar sobre os edifícios, não sabe se vai ou se fica, fica aquela luz morena, que é metade dia e metade noite. Minha mente filtra as obrigações, mais alguma coisa hoje? Resisto às obrigações e imagino tanto a tarde que sinto medo de mais velho enlouquecer, mentir, mentir e mentir diante das incrédulas audiências.

O metrô esvazia devagar e posso ver finalmente uma bela mulher que mete o celular na bolsa e levanta para saltar, ela desfila pelo vagão, poderia ser dona de uma passarela. Será que ela gostaria de ser modelo? Se já não fosse... o que um universo como ela faz dentro de um metrô? Monto para ela um show onde desfila poderosamente, de calcinha rosa e cabelos cobrindo seios, ela usa saltos, uns saltos bem altos, como se equilibra! A plateia que imagino não grita, aplaude, aplaude, aplaude a sofisticação que ela ostenta no corpo.

Eu deixo o metrô e enfim o ar da tarde impressiona, torna-se real, o meu bairro tem árvore, é o que eu acho, sinto um frescor se o comparo com o centro da cidade. Apesar da fumaça dos carros, a luz está tão perfeita que o eterno momento preenche minha consciência, mexe as peças, eu lembro de uma tarde tão enfim quanto esta, uma tarde em que se respirava, se nadava e se compartilhava a natureza.

Minha casa ainda está longe e reponho no lugar as memórias, estas memórias hoje não serão cultivadas, porque a tarde segue em frente, reconstruir o passado cansa, a tarde é de uma beleza itinerante, os minutos vão passar e com a noite descerão os morcegos e cigarras, sumirão os passarinhos e micos, tento me aproximar da essência do presente, porra! que mentira!, ignoro o trânsito caótico, há calma em mim enquanto o pessoal segue para as academias. É uma tarde tão boa quanto qualquer outra.

OLHA A PROMOÇÃO!

Vende-se uma promoção de pizza mais refrigerante por tanto. Quando bate aquela fome urgente o povo recorre logo à tradicional pizza. Mas a pizza e o refrigerante de dois litros vendidos separadamente custam o mesmo valor desta promoção! Promoção? Promoção é só um nome que se põe na vitrine para chamar a atenção do freguês.

***

O motorista faz uma manobra para a direita e encosta o ônibus na calçada da praça. Deixou a traseira do ônibus atravessada na pista e o guarda municipal a orientar o tráfego apita com autoridade. Mas o motorista não está nem aí, se concentra na tarefa mais importante: tem que dar o troco. Quanto mais rápido der o troco, mais rápido sai dali, tenho certeza de que o guarda entende. Já está saindo quando abre as portas para um último passageiro, pisa no acelerador enquanto conta as moedinhas.

***

Aquela dona de casa constata consternada que recebeu uma nota de vinte reais em que falta um pedaço. Não entende como não percebeu, é sempre cuidadosa, deve ter sido na feira. Não tem coragem de ir lá cobrar do feirante, é uma senhora respeitável, prefere a outra solução: passa a nota adiante na padaria, entrega a nota dobradinha e ninguém descobre. Parece até que nasceu para enganar.

***

O quiosque não fatura como devia, algumas obrigações ficaram pelo caminho. A dedetização, por exemplo, não fez, ele quer fazer, mas a grana está muito curta, a vida é dura e ele está devendo. Mata essa barata, mata logo, porra! Surge então o fiscal e o dinheiro aparece, tem que arrumar o dinheiro, dinheiro surge do nada, não tem jeito, como é que se enfrenta esses caras? Podíamos juntar todo mundo que paga e acabar com essa praga. Esquece, é uma máfia. Mais fácil encarar as baratas.

***

A pensão do moleque que a ex recebe é boa, mas se ela souber da bolada que o ex ganhou de comissão a danada vem para cima. A grana é para uma viagem a Búzios, ele vai com a namorada gostosa, os dois já estão na vontade desde o início do ano. Ele quer que o filho vá junto, o moleque vai adorar, muita praia e sol, uma prancha de surfe novinha! Você estuda depois, tem tempo para tudo, meu pai é muito gente boa.

***

Acostumou-se o menino desde pequeno com o remedinho. O remedinho faz bem e não se preocupe, eu vou estar sempre aqui, cuidando de você. Não se esqueça quando viajar, não se esqueça quando você namorar, lembra de mim até quando deitar na cama com sua princesa. Sou eu quem te dá o remedinho, que embala o teu sono, que te faz sonhar tranquilo. O remedinho de repente sumiu, o menino cresceu e ela é que ficou dependente. Sua aposentadoria não vale mais nada, ela sente que foi roubada.

***

O sujeito estudou anos para prestar concurso. No fim das contas, depois de muito sacrifício, passou em primeiro lugar no banco. Foi com a família à posse, que alegria! Muitos sonhos, talvez cursasse uma pós, aprenderia coisas novas, faria amizades. Meteram o sortudo naquele guichê afastadaço, por lá o concursado foi ficando, sem outras chances, cada vez menos agitado. E o salário tornou-se importante, sempre mais importante, era a vida aquela grana certa no fim do mês. Não vou dizer que se casou, mas aqueles a quem o sortudo atendia no guichê sabiam por instinto: não mereciam tanta mágoa daquele coração.

O PARADOXO DO ANTROPOCENO E OUTROS PAPOS DE BAR

1.
Antropoceno é a proposta de termo criada por alguns cientistas para designar o período mais recente na história do nosso planeta. Seria o nome destes séculos em que a ação permanente do *homo sapiens* começou a ter um impacto global no clima da Terra e no funcionamento dos ecossistemas. O papo na mesa era sobre isso.
Falávamos descontraídos do inimigo comum: nossa própria espécie, no caso. Daí então a política se meteu no meio (novidade nenhuma nestes tempos polarizados) e veio a pergunta em forma de paradoxo: por que o capitalismo aposta no que o ser humano tem de pior, ou seja, no egoísmo, na vaidade, na ganância, e obtém tanto sucesso? E por que o socialismo aposta no que temos de melhor, na solidariedade, na fraternidade, no companheirismo, e fracassa de forma tão lamentável?
Ninguém na mesa tinha uma resposta, mas a conclusão foi unânime: a gente precisa de uma solução. Este brilhante modelo de produção e consumo desenfreados destrói o nosso habitat neste planetinha, por enquanto ainda azul. Vão sobrar de pé somente os monumentos quando resolverem apagar as luzes do espetáculo. Teremos de achar outro lugar para performar.

2.
Já falei de barba por aqui, mas é que outro dia aconteceu: depois de mais de dez anos ausente por causa da

calvície, voltei feliz e faceiro a uma barbearia. Comentava na mesa de bar que entrei na barbearia como se nunca tivesse abandonado aquela arena, e que a sensação de voltar foi muito boa. Hoje o barbeiro não tem mais o que futucar na minha cabeça, o trabalho dele é na cara e no pescoço. Fiquei vaidoso de vê-lo trabalhar na minha face, como se eu tivesse os mesmos direitos que uma dama fina a espalhar durante a noite cremes sobre o rosto. Os amigos disseram que o trabalho do profissional envelheceu minha cútis, tomada agora pela barba de visíveis cabelos brancos. Eu nem ligo, a idade pode ser um trunfo. Tanta coisa que fazemos melhor com o advento das décadas. Eu, por exemplo, me lavo melhor do que aos vinte anos. E mais não digo, para não desgastar assunto tão legal. Ao leitor deixo o prazer fortuito de colaborar com a lista, no exercício de sua valente imaginação.

3.
Aqui em casa o aparelho de ar-condicionado deu para vazar água dentro do meu quarto. Chamei o amigo técnico, que parece ter dado nele um bom jeito. Não gostaria de trocar este aparelho por um novo e quero dizer que o sentimento vai além da questão financeira. Tenho um certo carinho por este aparelho de ar-condicionado, assim como tenho com o smartphone, assim como tenho com uma conta bancária aberta lá nos anos em que eu era universitário. Pois é, sou assim, pego carinho por coisas que não têm alma. O pessoal na mesa de bar achou essa frase muito dramática, no máximo se poderia dizer que vou contra a tendência. Como é? Qual tendência? Dizem que hoje o lance é mesmo trocar, deu defeito troca, tro-

ca-se evidentemente o amor. Deu defeito? Providencie um amor novo. Afeto novo, beijo novo. Somos nós. E eu tentando requentar uma emoção velha... não sabia que era capaz de tamanha sandice.

Benditos amigos.

PALMAS PARA A CIVILIZAÇÃO

O escritor nigeriano Chinua Achebe apresentou em "O mundo se despedaça" o território africano ainda virgem de colonização, quando só o que vicejava eram os inhames na terra e as tradições das tribos. É a partir da chegada do homem branco, ocidental e civilizado, que aquele mundo vem abaixo, junto com a autoestima de um povo.

Está claro que o ocidente se expandiu, se expande em busca de soluções para suas necessidades cada vez maiores, é preciso ter conforto, é preciso consumir, parece uma investida da qual não se escapa, esta sociedade se organiza através do consumo, o que fazer com os produtos que o capital precisa vender? Olha que hambúrguer!, assista ao cinema 3D!, jogue o game da hora!, avançamos desta forma desde o século XVIII.

Com o foco na produção, a referência óbvia virou o planeta, que não manterá por muito mais tempo e novas gerações o habitat perfeito do jeito que hoje conhecemos. A gente se arma em defesa do meio-ambiente, mas não atinamos com a verdade: o planeta sobreviverá muito bem à catástrofe chamada espécie humana, já sobreviveu antes a outras, o que está em jogo é a nossa capacidade de sobrevivência nos continentes, onde as condições naturais podem ficar demasiado hostis à civilização. Lembro que este é ainda o único planeta que temos à disposição.

Mas indo além, quando saímos do conforto da sala e mergulhamos no caldeirão de culturas que é a Terra, será que o nosso jeito ocidental de viver reconhece diferenças fundamentais? Ou impõe-se através da exposição maciça de nossas qualidades via satélite, tevê, internet? Creio que é nosso costume reverberar como se não tivéssemos defeitos, projetamos nossa receita imaculada, deve ser difícil para os outros valorizar o que é tradição.

Felizmente, a globalização também tornou visível esse confronto e nossa consciência coletiva deu um salto decisivo, impor nossa cultura como remédio já não é unanimidade, tem quem ainda pense assim, mas já se encontra quem ache que as pessoas devem viver do jeito que quiserem, talvez o mais perto que puderem de suas raízes ancestrais.

Sobra pouca aventura, porque o mundo inteiro logo não será mais novidade, de onde virá o novo quando aceitarmos e se incluirmos toda a nossa população vasta e diversificada? Aprofundaremos a consciência da existência em um movimento inesperado para dentro? Ou nos lançaremos para o espaço em uma aventura sideral que só conhecerá fronteiras se descobrirmos que não estamos sozinhos?

Do modo como vivemos, se não entregarmos a espécie à extinção, parece mais provável a segunda alternativa. O futuro sonhará com a colonização de planetas, de onde retiraremos as matérias-primas necessárias para manter viva tanta vontade de conforto e tecnologia. A Terra será poupada (tomara!) e avançaremos ao infinito atrás de planetas desabitados adequados à exploração. Eu disse desabitados... o que acontecerá quando nascerem humanos na Lua ou em Marte? Novas e incríveis culturas virão, forjarão tradições, autoestima, e os naturais de lá protestarão veementes quando perceberem que são os explorados da vez. "Poupem nossa Lua!", "Marte para os marcianos!", posso ouvir as palavras de ordem pesarem sobre nossas consciências em férias.

O filme "Apocalypto" surpreende com essas questões decorrentes dos males da civilização. Certamente é mais um, mas me faz lembrar que não existem bonzinhos neste jogo cínico onde se enfrentam as influências cotidianas e os modos de vida. Mesmo a selva, a natureza, para onde convergem os olhares querendo uma solução, não explica nada. Os animais são pródigos em se dividirem em violentos clãs e bandos, em disputa eterna pelos melhores territórios. Dali sobressai neste aspecto só a lei do mais adaptado. Somos melhores?

Por que então esta dor sobre o que é o certo a fazer?

Esta civilização que mata e decepciona, que incorre em omissões terríveis, também convoca o ser humano a admirar a ciência e a arte. Não há dúvida: estamos ferrados entre as noções de beleza e de crime. Por enquanto nós. Até quando?

DICAS PRÁTICAS PARA A CRIAÇÃO DE UM ESTADO

Diz Noam Chomsky que os Estados Nacionais são ou serão a nova fronteira deste mundo, onde os cidadãos, transformados em meros consumidores pelas poderosas megacorporações supranacionais, travarão contra essas a milenar luta pelas questões que dizem respeito a todos os homens. Nada mais pertinente então que comentar o ato heróico de Jeremias Heaton, americano que fincou uma bandeira desenhada pela filha de sete anos em BirTawil, território localizado em algum ponto entre o Egito e o Sudão (não reivindicado por nenhuma dessas nações), acabando por fundar assim o Reino do Sudão do Norte, razão pela qual espera que sua filha Emily seja reconhecida como princesa.

Encantado com a iniciativa de Jeremias, eu não poderia deixar de parabenizá-lo aqui pela conquista empreendedora e aproveito para expedir via internet, por meio desta crônica, minhas dicas para que o Reino do Sudão do Norte vingue diante do julgamento da comunidade internacional.

Jeremias, a primeira coisa a ser feita é pôr de pé uma delegacia, projeto básico, não precisa muito, precisa conter uma mesa e uma espaçosa cela. Direcione o grosso deste primeiro investimento para a compra de armas, que não se estabelece hoje uma autoridade sem o apoio de uns bons e modernos rifles automáticos, algemas e facas de porte. Uma bazuca também é essencial, para a defesa de seus poderes de Chefe do Estado, no caso de insubordinação dos oficiais delegados é só mirar na delegacia e mandá-la para os ares.

Resolvida a questão da delegacia e de seus oficiais, recrutados entre os interessados de todo o planeta, urge executar outra tarefa da mais alta importância (importantíssima), é a hora em que se vasculhará todo o território atrás de súditos que deverão ser conscientizados da nova realidade: terão agora que recolher impostos. Esta etapa do processo de criação de uma identidade nacional é vital e tudo precisa ser feito para que se evite a violência, o novo cidadão tem que ser informado das enormes vantagens de fazer parte de um Estado Nacional, terá para sempre quem construa escolas, hospitais, quem construa estradas, quem trabalhe pela ordem pública em seu favor. Tais promessas devem bastar para que 95% dos súditos encontrados sejam convencidos, nos outros naturalmente será necessário baixar a porrada. Um tempinho de cadeia para esses também não será mal.

Depois desse recenseamento territorial, com os coletores de impostos atuando firme, será preciso decidir o que fazer com a riqueza arrecadada. É claro que o único projeto possível para um governante responsável é forjar o símbolo do poder adquirido, que deverá brilhar incontestável para o fascínio e o reconhecimento das massas: erguer-se-á um suntuoso palácio, vasto, rico, que ateste a grandeza do reino e a beleza de seu propósito. Hordas de jovens ávidos pelos empregos correrão para os guichês de contratação, loucos por empreitada que lhes pague um bom salário. Salário bom, pequeno, aquilo que der, nada de mais, o bastante para que eles retornem à noite para suas casas e possam dizer para seus pais contentes que já têm emprego e não vão mais desperdiçar o tempo de suas vidas namorando sob o céu ou virando uma na birosca da esquina.

Quando o palácio estiver pronto, será o momento de divulgar a façanha e para isso será convocada a imprensa internacional, para que ela ateste as qualidades de seu Estado e de seu povo admirável. Registra-se a nova pátria na Organização das Nações Unidas e pronto.

Creio que depois destas providências, Jeremias Heaton, a máquina funcionará sozinha. É óbvio que vez ou outra Vossa Majestade terá de lidar com eventuais distúrbios e com as graves ambições de alguns aliados, correrá algum perigo verdadeiro, terá que agir com sabedoria, prender um aqui, outro ali, punir de forma exemplar os mais abusados. Receio que sua posição será um tanto instável enquanto não houver democracia, mas Vossa Majestade poderá adiar bastante essa decisão, basta pensar bem na sucessão e conseguir um bom casamento para sua filha.

O povo será com certeza louco pela princesa.

DE NASCENÇA

Não sei se a negritude terá vontade de comemorar, mas nos Estados Unidos a marca de uísque JackDaniel's, uma das mais vendidas do mundo, admitiu que na gênese da receita e das técnicas originais de purificação da bebida esteve um negro escravo chamado Nearis Green. Até hoje o mérito de tão bem-sucedida receita era concedido ao reverendo dono da destilaria onde Nearis viveu como escravo. Mas na verdade foi o negro Nearis Green a ensinar Jack Daniel todos os segredos de fabricação da famosa bebida, que em 2016 completou 150 anos de sua criação.

O reconhecimento tardio faz pouco por Nearis Green, falecido com certeza há muito tempo, provavelmente pobre e esgotado. Mas acena com justiça para todos os descendentes de escravos no planeta. Há muito mais do que se orgulhar e não será este cronista o intrometido a elaborar uma lista. Cito o caso do uísque por ouvir dizer, eu nem mesmo bebo destilados.

Penso em negritude e aqui penso também em marcas de nascença. Pessoas por acaso trazem no corpo um atestado de parte de sua origem. Pode ser na inconfundível pele, pode ser na cor dos olhos, uma pequena impressão deixada pela genética acaba por servir de elo visível entre as gerações. Tais marcas adquirem importância, mas detêm um poder que ilude de vez em quando, importam também demais os laços de afeto entre os vivos, o que é bastante óbvio para mim. Só que para os descendentes de escravos a questão está longe de ser simples: toda ligação, mesmo que muito mínima, colabora para a construção de sua identidade destroçada pela diáspora africana.

Um dos conceitos mais interessantes que a negritude cultiva a partir da compreensão de sua história é o da consciência de ancestralidade. Já era um assunto quando pratiquei capoeira angola na década de 1990. Apesar de tratar da ligação entre nós seres e os mortos, garanto que é um conceito bem vivo e lamento por aqueles que não dão (ou não podem dar) importância a suas origens ancestrais, ao que pensavam seus avós, ou como viviam.

Viver o futuro através da compreensão do que somos é essencial e essa resposta surge para quem conhece e respeita a sua ancestralidade. Mesmo que conhecer signifique seguir na direção contrária à que pregavam os mais velhos. Porque este mundo prossegue sempre no embate entre o velho e o novo. O que fica chamamos de tradição.

Por isso, eu respeitosamente agradeço pelo jazz, pelo rock, pelo samba e muitas outras realizações cuja brilhante autoria nossa história hegemônica tenta ocultar de mim. Em vez de esconder, o uísque Jack Daniel's sai na frente: oferece aos consumidores o seu exemplo. Tenho uma dúvida grátis se o sabor do bourbon dourado do Tennessee fica deste jeito mais gostoso. Ou mais justo. Talvez apenas continue vendendo muito.

SELFIES E ACIDENTES ACONTECEM

Um turista morreu ao cair de um penhasco quando fazia uma *selfie* na cidadela histórica de Machu Picchu. As circunstâncias do acidente não são uma novidade. Tem sido comum esse tipo de acidente, que acomete fotógrafos amadores por todo o mundo. O sujeito vê um precipício lindo, imagina as curtidas dos amigos na *selfie* espetacular e se pendura. A má consequência fica por conta de um previsível acaso: uma escorregada, um vento que bate e desequilibra. É o fim.

O tamanho da audácia costuma ser proporcional à atenção que o acidentado dá à rede. Nos últimos meses venho tentando me desconectar da grande rede um pouco, principalmente do Facebook, palco aberto de nosso tempo para todos que têm algo a dizer. Não deixa de ser um massacre. Procuro encontrar pela vida fora uma alternativa, o que não é difícil, pois o ofício de cronista me leva a procurar assunto onde for.

Outro dia quase morri em circunstância semelhante à de nosso azarado turista de Machu Picchu. Cheguei em casa depois de uma cerveja entre amigos e abri a janela no escuro de meu quarto. Fui à cozinha, comi umas folhas pra dizer que estou de dieta. Alguns minutos depois retornei ao quarto e liguei o computador para tirar onda de vegetariano. Enquanto esperava em pé, o que fiz? Estiquei o braço em busca do vidro da janela como apoio. Por muito pouco não parei lá embaixo, sobre uma grade daquelas de várias lanças apontadas para cima.

Nem tento imaginar o que diriam desse meu acidente, faz mal para a autoestima. Mas gosto de pensar, às vezes, que aconteceu comigo como acontece com os gatinhos pelas ruas, penso que lá se foi uma de minhas sete vidas. Em uma realidade paralela eu parti, nesta realidade permaneço. Continuo a perturbar o sossego dos vivos feito eu.

Todos têm uma história de como estiveram perto do fim um dia. Outra noite conversava sobre isso com fulano: o amigo escorregou de uma escada sem corrimão, e foi rolando, diz que salvo graças às aulas de judô. Vi na tevê um paraquedista sênior descrever o que houve com ele quando o paraquedas não abriu. O cara é agnóstico, mas a primeira coisa que fez ao constatar sua sorte foi pedir ajuda a Deus. Parece que a súplica funcionou, o experiente paraquedista despencou sobre árvores e arbustos, só quebrou um osso. Está no YouTube.

É claro que há uma diferença entre sofrer acidente por acaso, de um lado, e procurá-lo feito um tolo, de outro. Mas existe uma galera que vive dessa tolice e adeptos de esportes radicais são exemplo do que digo. Não conhecem a nossa crise, o número de praticantes só aumenta, assista aos profissionais na rede e nos canais a cabo. Fazer *selfies* arriscadas pode se converter, portanto, em uma novíssima e valorizada modalidade radical, tem quem anda exercendo a sua dose de loucura dessa maneira. Não existe gente querendo ir viver em Marte?

Quando inventarem a passagem de volta eu até topo. Tirar uma *selfie* em Marte é radical e vai custar uma nota! Acho que para tirar essa onda eu teria que trabalhar durante toda uma vida. Melhor ficar atento ao piso do banheiro.

BOM SUJEITO

Estava à noite em uma praça cheia, toda aquela gente descontraída, quando a ambulante me pediu que tomasse conta um instantinho de seu isopor repleto de gelo e bebida:

— É só enquanto eu vou ali comprar mais doze.

Intimidade é aquilo que o leitor conhece, não vou nem comentar, o homem gasta sossegado na praça duas noites seguidas de sexta-feira e a vendedora de cerveja já acha que ele é um bom sujeito.

Deve estar tatuado de alguma forma na minha testa. Eu até sou um homem que anda com troco, uso ônibus, metrô, um homem assim precisa de trocados. Tenho em casa um pote especialmente para as moedas. Mas naquela noite eu já não tinha trocado algum e o meu primeiro cliente queria comprar uma *longneck* com nota de cinquenta.

— Aí não, assim você me quebra.

Ele não tinha menor. Terceirizei, botei o cliente para tomar conta do isopor enquanto eu trocava os cinquenta. Ninguém deu uma força sequer, tive que comprar uma cerveja para trocar a nota. Ficou elas por elas.

Logo comecei a temer pela minha reputação, será que a dona das cervejas sabia quantas bebidas havia no isopor? Cogitei abandonar a tarefa. Afinal, estava trabalhando de graça. Teorizei comigo sobre a vendedora sem noção, solidariedade é isto? Tentei lembrar em que tratado estava escrito que ela merecia essa ajuda. Sorte dela que eu não

tinha mesmo nada melhor a fazer com aquela sexta-feira, peguei uma cerveja e relaxei. Ainda que a competição fosse duríssima. Havia isopor para todo lado. Mas não fugi do serviço, oferecia cerveja para a mulherada, evoquei meu passado de vendedor, uma mulher passava e eu oferecia. Não deu em nada. Pelo menos as notas de cinquenta sumiram da minha vista.
Dali a pouco um homem se aproximou.
— Cadê ela?
— Ela quem?
— A dona da cerveja.
— Foi comprar mais cerveja.
— E você quem é? O marido dela?
— Não, não sou o marido. Quer cerveja ou não?
— Vou esperar sua mulher.
O bêbado era um que merecia o leitor sabe o quê. Garçom! Eis um profissional a ser lembrado quando o assunto é psicologia. Haja paciência! Ele me vigiou durante uns dez minutos, comprou cerveja em outro isopor, voltou. Mais dez minutos e a dona da cerveja apareceu. Acho que eu pedi bastante a Deus. O bêbado fez questão de deixar claro:
— Estava aqui de olho no seu marido. Dá mais uma!
Ela entregou a cerveja, pegou o dinheiro e o espertinho foi embora.
— E aí, vendeu muito? — ela perguntou para mim.
— Só esta minha aqui.
— Só uma?
— Foi.
A dona da cerveja não fez cortesia:
— É cinco reais.

Paguei. Paguei e me mandei na hora.
Isso é o que dá ser o bom sujeito da história.
É isso ou a crise.

A MULHER QUE CHORA

Por que aquela mulher chora? Ela chora e passeia com o cachorro, quer reter as lágrimas com as mãos e esconde os olhos vermelhos, briga com a manhã ensolarada enquanto eu corro na briga para perder peso.

Não quero imaginar que chora por um amor perdido. O mal-estar que atinge o coração das mulheres é para nós homens sempre obra de um amor perdido. Mas para esta mulher que chora não, ela chora por algo que eu não sei imaginar.

Talvez seu choro seja sua resposta para este século XXI. A mulher corre atrás do seu melhor destino dentro da espécie e encontra por isso toda sorte de obstáculos possíveis. Querem controlar seu corpo, querem dar ordens nele, pretendem com força de comando dizer-lhe o que deve ou não fazer com a sua beleza, com a sua libido, com o seu amor. Sendo assim, ela briga com a manhã e chora pelas ilusões que seus olhos têm de encarar.

São tantos os conflitos que a mulher disposta pode se confundir e cair no abismo de ódios abissais, quem pode julgar as que se perderam no pote dos ressentimentos?

Ela chora porque a manhã bonita não combina com seus receios, com os assédios e as violências. Ela sente pelas mulheres que se culpam pelos erros de outros, pelas que escorregam para dentro de si mesmas e se enclausuram em uma cadeia obscura. As injustas condenações não escapam de seu coração imenso, sobra espaço nele para todas aquelas mulheres submetidas por uma entidade sinistra com muitos nomes.

Uma mulher foi atacada porque ousava estudar, outra porque ousava ter amantes sem fim, outra foi agredida porque precisava de uma voz. Quantas foram exterminadas por alimentarem desejos? O desejo da mulher é uma obra em progresso, que também transforma e enfrenta a ignorância humana. Quando ele é simplesmente reprimido, sobra um tanto a mais de crueldade no mundo. E o que construímos perde sentido, pois não fomos a solução, não incluímos neste planetinha uma resolução que a dinâmica da espécie gerou.

Ela chora, mas o instante passa, eu passo por ela e gostaria de parar e quem sabe conversar um pouco. Mas não há o que fazer, cumprimos nossa rotina perfeita. Amanhã serei outro e ela também não será a mesma, amanhã ela pensará no que vestir diante de um novo dia de trabalho. Vestirá sua flexível e sedutora armadura, as ruas serão cenário de sua determinação feroz, disfarçada de beijos e abraços gentis. Em cada ônibus, em cada vagão de metrô ou carro no trânsito, haverá mulheres da mesma lavra.

Durante a semana, esse choro de um passeio com o cachorro nos ensinará muitas coisas, porque nele esteve contida a expressão do que então não veio à tona. Uma dor oculta que vai causar a revolução de amanhã. Os cadafalsos, as fogueiras e guilhotinas não existem mais, mas a dor por uma emoção que ainda não vive existe no coração da mulher.

Será aquele choro o sinal de uma esperança para o mundo?

A GENTE VAI

Outro dia me percebi dizendo:
— A gente vai.
Era minha resposta a um convite para uns chopes e o que estava em questão era se eu ia ou não me juntar aos amigos para uma celebração de ocasião. A frase estranha saiu limpa, distraidamente e sem que eu hesitasse, como se fosse o mais normal deste nosso mundão manifestar-se desta maneira, expressando a vontade como parte de um coletivo que em meu nome vai ou deixa de ir a um lugar.

Pensei nisso na hora e logo me lembrei daqueles artistas varridos que falam de si na terceira pessoa. Ando "assistindo" muito à revista Caras (na antessala do meu terapeuta sempre tem uma) e virei um desses varridos, cuja imagem nas telas, nas revistas e jornais, de tanto uso, se torna muito importante. Só que não tão insatisfeito comigo eu estava, que precisei meter na conversa do chope um sujeito em terceira pessoa, tornando-me líder fictício de uma galera que não existe.

Se cabia a mim decidir o destino do povo? Vamos para esse lado, vamos para a estrondosa esquerda, almoçaremos no rodízio de massas da Evaristo, passaremos a tarde no CCBB. Beberemos depois uns chopes em nossa homenagem. A conversa será isenta. Logo seremos polêmicos, e libertos pelos petiscos garantiremos mais uma rodada na goela antes da saideira.

Um amigo dirá que o nós é bem melhor que o bloco do eu sozinho. Menos ego, mais diversidade. Surgem opiniões de todas as mesas de bar do Rio, surge a internet e a humanidade não se salva mais, ter opinião virou obrigação de coelho. Quem pode conta boas piadas. É a redenção.

Claro que a minha reclamação é sinal das dores. Carrego dores ocultas sob um céu de complacência: a multidão correta em triunfo, bradando palavras de ordem, para orgulho e glória do cronista intrometido. Sinto vontade de provar uma maçã, às vezes tenho fome e a maçã estava lá.

Ai, ai... esta divagação chique por causa de um sujeito mal colocado. Ninguém na curva quer saber de minhas exigências quanto às formas da língua portuguesa, a senhora de meu ego frágil, de meu fortuito aceite ao convite para uns chopes. Sei que nem sempre aparecem propostas e eu não posso mais que fiscalizar o uso que faço das palavras: a gente vai tomar o chope.

Acabou que não fui.

EU SEI QUEM É VOCÊ AMANHÃ

Outro dia vieram me perguntar se eu sabia o nome de um aplicativo para celular que envelhecia as pessoas. O sujeito tira a foto com o aparelho, passa no aplicativo e em instantes está lá, na tela *touchscreen* de não sei quantas polegadas, o rosto da gente e mais uns trinta, quarenta anos de carga serena sobre os tecidos, sobre os olhos, sobre o crânio de *homo sapiens*. Eu não sabia que prazer se experimentava em contemplar desta distância o próprio futuro, podia ser o mesmo tipo de prazer que carrega o povo para as mesas de búzios, de tarô, para as previsões dos astrólogos, confesso que experimentei o aplicativo, e o resultado foi este prejuízo: quem está preparado para se testemunhar cheio de rugas, vincos e papadas feito um maracujá de gaveta?

Quero aqui dizer que eu costumo fazer a brincadeira inversa. Em vez de tentar adivinhar o estado de meu corpo em dívida com os anos, costumo fazer o seguinte: examino o rosto de um senhor fulano, o corpo, os braços e as pernas, e tento encontrar solenemente naquele ser carregado a sua juventude fundamental! Aquela que todos guardam orgulhosamente em alguma fotografia excelente, aquela que dizem ser a estampa da alma. Costumo examinar essa juventude alheia com indisfarçável curiosidade, como se distinguisse nela a gênese de um currículo, aprumo a vista e lá está o sujeito com trinta anos, aprumo mais um pouquinho e lá está ele com vinte. Esmero-me em retirar as rugas, os vincos, as papadas, acrescento uma ação extraordinária, pelo menos uma, em que a humanidade por obra de um simples homem ou mulher tenha sido redimida, busco também os ares vilanescos, as traições secretas, das quais ninguém soube graças a maquinações infernais dignas de um romance.

Já que o passado sobrevive em nós e eu vivo com os anos que minhas pernas sustentam, que eu possa pelo menos brincar com o passado, voltando a ser outra vez criança que não leva nada a sério. Então, compenetrado em minha brincadeira, vejo a vizinha, vejo aquele que simplesmente passa na calçada, todos se transformam em seres complexos, imersos na força de suas paixões, na sorte que lhes coube por competência ou acaso. Não é uma obsessão esta minha brincadeira, na verdade imaginação é o nome deste meu aplicativo e eu o utilizo com alguma regularidade, embora nem sempre, uso apenas para me entreter e escrever algumas linhas.

Neste mundo bestial, que nos quer fora da cama conforme a obrigação, percebo que a imaginação começa a rarear que nem passarinho, ficamos mais e mais especialistas ano após ano, as tarefas vão sendo distribuídas cedo ao longo de uma infinita bancada de madeira, é diante dela que a gente se detém cheio de sonhos e promessas, escolhe-se a tarefa em função dos prêmios, a gente só quer saber do prêmio, o que ele quer, o que ela quer?

E as gerações se sucedem, assim elas fazem suas escolhas, mal sabem que compram uma vida já nos primeiros anos, e que terão de ser fiéis a ela, ignorando que a imaginação comanda perpetuamente o desejo, não se pode voltar atrás, dizem, surge a frustração porque falta coragem e porque somos completamente responsáveis. Pedem que imaginemos do jeito certo: imagine o final do filme se for capaz, da novela, imagine sua face no fim de sua estrada, olha, nós lhe apresentamos como será você daqui a trinta anos, não tem erro, este é o trabalho de uma equipe paga — aí sim, profissionais — paga para imaginar uma vida todinha para você. Se nossa vontade for mesmo dar esse mole, é possível passar uma vida inteirinha sem tomar uma decisão sequer. Alguém tomará todas as decisões por nós.

Talvez eu esteja exagerando, com meu gosto particular e minha imaginação estranha. Pode ser, desejo mesmo é que a resposta esteja com o leitor. Maldito aplicativo! Aquela imagem do meu futuro me apavorou.

SEM OFENSA

Fraudes podem ocorrer em qualquer lugar do mundo, inclusive a 8.848 metros de altitude, no topo do Monte Everest, a montanha mais alta do planeta. Um belo casal de alpinistas indianos — Dinesh e Tarakeshwari Rathod — decidiu abandonar toda a discrição e repercutiu sua suposta conquista na imprensa de seu país: teriam sido o primeiro casal indiano a alcançar o cume do Everest, isso em 2016. Ficaram famosos, mas a alegria durou pouco: a fraude foi descoberta e denunciada por um outro alpinista da Índia, quando ele constatou que as fotos usadas pelo casal para comprovar a façanha eram na verdade fotos de sua própria escalada, alteradas digitalmente.

A fraude, neste caso, teve efeito contrário ao que desejava o casal. Em vez da fama alcançada por realizar um feito notável, ficaram célebres por tentar enganar e tirar proveito da boa vontade da sociedade indiana. A internet não costuma perdoar esses erros, se o leitor tem alguma dúvida experimente digitar o nome dos dois no Google. O fato está documentado com muitas fotos.

É impossível avaliar o que houve com o casal depois desse evento. Os dois não são nem mesmo alpinistas profissionais, penso no que tiveram e terão ainda de enfrentar como desconfiança junto aos colegas de trabalho, junto à família. Poderão alegar que a fraude em nome da façanha não é novidade, o que é bem verdade. Há uma preocupação das autoridades nepalesas e chinesas — na fronteira dos dois países fica o Everest — em fiscalizar

quem realmente consegue atingir o topo da montanha. O desejo de fama era tão grande, diria o casal fascinado, que não suportamos enfrentar o frio extremo e intenso, a extenuante carga física e a falta angustiante de oxigênio, chegar na beira da terrível montanha já foi incrível e nós achamos que merecíamos algum reconhecimento. Daí o alarde.
O quase espanto.
E a solução. Que este cronista tem: sugiro ao humilde pessoal do Himalaia que providencie o desenvolvimento de um game onde se possa experimentar a escalada sem os riscos inerentes à tarefa. O problema é muito claro: as pessoas querem subir a montanha, mas não querem arriscar a própria vida para isso. Hoje em dia existe game de futebol, de tênis, de basquete, de esqui, eu sugiro então um game de escalada. Fazendo uso dos últimos avanços nas técnicas de realidade virtual, a simulação teria tudo para ser um sucesso.
Que frio o quê! O sujeito põe uma sunga diante da piscina, debaixo de um sol brando, e mergulha virtualmente nos climas do Nepal e da China. Depois diz assim: escalar o Everest é fascinante, eu prefiro a face norte, mas há quem prefira a face sul, eu demorei dois dias para conseguir, você demorou quanto? Eu adorei a experiência, as fotos ficaram ótimas, sem ofensa.
Sem ofensa.

SEM CALÇAS

No dia 10 de janeiro comemorou-se o Dia Mundial Sem Calças. A curiosa data foi celebrada em muitas cidades ocidentais, entre elas Londres e Nova Iorque. Apesar do frio que faz no hemisfério norte, a galera descolada não vacilou, invadiu metrôs e calçadas sem as calças, vestindo apenas cuecas e calcinhas. A ousadia começou como uma brincadeira, mas conquistou inúmeros fãs e em 2016 já está no seu décimo terceiro ano.

No Brasil a adoção da festa não seria uma grande novidade, já que em qualquer praia de nosso litoral o cidadão está acostumado com homens e mulheres em respeitáveis roupas de banho. O pessoal por aqui lança até moda nessa área. Temos também o carnaval, impossível não lembrar.

Mas é legal acompanhar os malucos ao de lá da linha do Equador subvertendo o conceito de moral pública, desfilando seminus por espaços onde a nudez não é comum. Eu rio do espanto dos pedestres expostos à falta de pudor, essa falta de pudor que desafia a lógica de caminhar por aí vestidos como um dia alguém mandou.

Sim, há opositores ferozes da data sem vergonha. A nudez induz ao pecado, a nudez é suja, a nudez é coisa do demônio e tal. Mas a maioria concorda que a nudez feminina é linda. Preciso pensar se vale a pena, em troca dela, conviver com a nudez masculina de pé ao meu lado no metrô. Tenho dúvidas.

Talvez seja melhor manter tudo como está.

Ou não?

Uma iniciativa como essa exige do festeiro ou da festeira sem calças que se livre do peso da cobrança ocidental sobre o corpo. Não há dúvida, nós permitimos que se exibam os corpos masculinos e femininos, desde que eles sejam perfeitos. O altíssimo padrão é afirmado sem parar pelos meios de comunicação. Ninguém acima dos quarenta quer competir com o sujeito vendendo saúde aos vinte e poucos anos. Tome defeito. Melhor meter uma roupa no jovem abusado e assim enfrentam a juventude alheia com uma fina carteira recheada, compram roupas de grifes famosas que passam o recado: sou melhor que qualquer um.

Reside aí a zebra de movimentos que pregam tal despojamento. Tirar a roupa está ok, mas e a perene competição entre os seres humanos? Ela é estimulada desde que nascemos, dos dedões do pé até a ponta dos cabelos. Prossegue na escolha das cuecas e calcinhas. Tiremos então as cuecas e as belíssimas calcinhas. Vão se magoar com o talento dos outros. Ainda não dá para mudar o erro de nascer assim ou assado. Ou já dá?

Seja como for, o Dia Mundial Sem Calças acena para nós lá do norte do planeta. O pessoal brinca de contrariar os conceitos aparentemente imutáveis da sociedade. Já falei que há quem fique pê da vida com a falta de vergonha dessa galera safada. São tarados, eles dizem. São pervertidos, insistem.

É uma questão de costume, alegam os injustiçados seminus diante dos nossos legisladores honestos. Caso de mudança de lei, uma necessidade pura de nosso querido século XXI. Terão mais chances se apelarem com fé a seus respectivos chefes de Estado, eu creio. A presença ou não da faixa presidencial na festa é obviamente negociável, claro.

EU NOMEIO, TU NOMEIAS, ELE NOMEIA

> *"seu prazer o nome,*
> *que a despossuía,*
> *seu nome era o rosto?*
> *seu nome quem era?"*

Dar nomes é para mim tarefa digna de um Hércules das palavras, algo como mergulhar em um rio de águas torrenciais e de lá sair com um tesouro, uma chave, um pote de ouro. O tal rio no caso seria a linguagem representada pelo digníssimo alfabeto e o tesouro o prazer de ver a coisa nomeada, a pessoa, essa que carregará através do tempo a mesmíssima sequência de letras, que terá direitos sobre ela, ninguém poderá questionar, está lá nos costumes do povo, sai da boca de todos, está até na certidão de nascimento.

Nomes se transformam em marcas, se transformam em lendas, se transformam mas continuam os mesmos, a caneca do Jô é a caneca do Jô, mas uma caneca continua sendo uma caneca, estará o objeto ligado à palavra por incontáveis gerações. Em outro idioma ganhará uma tradução, talvez haja quem só conheça a palavra sem nunca ter visto seu objeto, talvez haja quem sonhe com ele e nem se dê conta do nome. Sendo assim, nomear algo ou alguém, sobretudo na sociedade que temos, onde é possível ser dono de uma palavra, constitui verbo para mim de importância. Estudei para publicidade, redação publicitária, e uma das tarefas na agência era justamente titular anúncios, conferir-lhes identidade, pagam gente pra isso. Tem algo de mágico nisso.

Deve existir uma sabedoria nesse ato de identificar por palavras, pode ser que em algumas sociedades o privilégio caiba aos mais velhos, em outras sociedades às crianças. Até pouco tempo, o capoeirista ganhava um novo nome ao adentrar as rodas de capoeira, um apelido dado pelo mestre, soube que já não é mais assim. Achava o costume interessante, não sei porque foi abandonado. Muitos povos também, além do nome, conferem epítetos aos seus heróis, mas estes geralmente são terríveis: o famigerado, o sanguinário, o conquistador. Há muito pouco de heroísmo nessas alcunhas.

É uma pena que 99% de tudo que está à vista já tenha seu nome, o que faz do prazer de nomear uma satisfação rara. Fico imaginando os pais que pensam nos nomes dos filhos por semanas de ansiosa gestação, depois registram lá no cartório, põem no papel e a escolha está feita, será por toda a vida o Marcelo, a Alice, pelo menos até que um pilantrinha ouse desafiá-los e coloque no novo amigo um apelido. Deve ser engraçado, mas também pode ser carinho.

Àquele que mais se identificar com o verbo nomear, que tenha espírito jovem e que não tenha filhos, e queira se aprofundar nessas sensações mundanas dentro da língua, sugiro que faça uma viagem pelos cafundós do Amazonas, parece que mais de 400 novas espécies de plantas e animais foram descobertos na região, nos últimos 3 anos, é a sua hora de pôr nome em uma dessas criaturas, sua chance de ser eterno! Vá, mas vá logo, antes que não sobre por lá floresta alguma, só palavras, nomes extintos por falta de sujeito.

CICLOVIA NA CALÇADA DOS OUTROS É REFRESCO

Na movimentada calçada da minha rua encaixaram uma ciclovia. Encaixaram mesmo, quem vê pode atestar, uma ciclovia que brilha, aposto que no exterior ganha até prêmio pelo padrão digno de uma Amsterdã. Os ciclistas incham o peito de orgulho quando passeiam por ela, eles e suas bicicletas de humildes pedais, os olhos lacrimejam com a qualidade antes impensável do passeio.
Antes eram obrigados a pedalar nas ruas, metiam-se perigosamente entre os carros, levavam sempre desvantagem. O que é uma bicicleta diante de um capô de um carro? Ou diante de um invencível ônibus? Bicicleta e ciclista viravam paçoca, o povo corria para ver a desgraça.
Pois o mundo mudou para melhor. Agora os motoristas de carro, de ônibus, caminhão ou moto não precisam se preocupar com as arrojadas bicicletas desviando-se diante do para-brisa, o problema não é mais deles. O problema agora é do pedestre. Fica a população incrivelmente aliviada, nada de acidentes horríveis a não sei quantos por hora.
O pedestre está que nem se contém com a responsabilidade. Não avisaram ao sortudo que terá de fazer autoescola para caminhar na calçada. Lá vem o ciclista naquela velocidade fraquinha de bicicleta pedalada, quem passa primeiro? Quem tiver mais necessidade, eu arrisco. É a chance de uma corrida muito curiosa, o pedestre e a bicicleta, que século XXI!

Espero que não haja campanha contra essa invenção moderna, a bicicleta é uma descoberta tremenda, pedala em qualquer calçada na boa. Se trouxer para o convívio com o pedestre a mesma civilidade que os ciclistas exibem ao trafegar entre os carros, será motivo de eureca!

Falo assim porque conheço quem já foi atropelado por bicicleta. Acompanhava os carros que vinham no sentido do trânsito, pretendia atravessar a rua, quando por trás veio uma bicicleta na contramão e zás! Pedestre ao chão, golpe terrível, não houve danos porque possuía saúde invejável, foi só uma questão de se levantar do chão e ouvir os pedidos de desculpas. Quantas desculpas, o dono da bicicleta tinha horário, precisou sair rapidinho, saiu de fininho. Esqueceu de deixar o nome do médico para os exames de rotina, as radiografias e tal. Acontece, ainda não inventaram seguro para isso.

Eu não conheço quem seja contra as ciclovias, a ideia alcançou por aqui um consenso unânime. O pessoal vai muito a Amsterdã e não serei eu, que nunca estive lá, a escrever linhas tortas sobre um avanço tão óbvio. Acrescento apenas que teria sido bom se a comunidade tivesse sido consultada sobre o assunto, mas essa prerrogativa de quem mora no bairro, poder escolher o que deseja de melhor para o local onde vive, não é uma ideia igualmente moderna. Pelo menos não tanto quanto as ciclovias.

Igualmente moderno seria apresentar o projeto aos moradores, submeter a quem caminha pelas calçadas do bairro a escolha do melhor traçado. Não dá muito trabalho, conversar não dá trabalho, conversar dá prazer. Quem seria contra uma ciclovia? Ciclovia é tudo de bom.

Do jeito que está, uma campanha educativa faria um bem enorme, o povo poderia ver na tevê como é que se faz em Amsterdã quando muita gente está indo para o mesmo lado. Dizem que lá sabem as respostas porque são muito civilizados, talvez possam nos ensinar. Importemos umas lindas holandesas sobre duas rodas! Que elas se multipliquem pelas nossas ciclovias com suas madeixas loiras e olhos azuis. Muita gente vai gostar. Vai dar até casamento.

FACEBOOK DISTÓPICO

Uma celebridade deixou de seguir outra nas redes sociais e virou notícia. Parece que os namorados famosos não postam fotos juntos desde outubro. Uma assessora desmente que tenham terminado, a relação está ótima, se o status mudar, será anunciado.

A notícia não surpreende: esse tempo estranho chegou, certamente não preciso avisar ao leitor. Nem digo que foi de repente, temos caminhado por esta estrada desde o início do século, muito fácil ver a estrada, o leitor sabe que este cume alcançado nada mais é que o sonho de Zuckerberg, que o mar em que nadamos não é outro que a viagem proposta por Steve Jobs. São os gênios da raça, diz a conta bancária, oremos.

Tento moderar para não ficar cansado. Sabe Alberto Caeiro e outros que nada disseram sobre Facebook, Twitter, Instagram, Snapchat e demais redes sociais? Não nos ensinaram como usá-las. Temos aprendido na marra, e quanta marra temos suportado por pretender manter um canal aberto com tanta gente. Refiro-me à marra dos *haters*. Nunca se odiou tanto. Ou nossas redes sociais funcionam como deveriam? São uma espécie de muro onde o sujeito conectado deve expressar seus ódios insuperáveis? Fora da rede o sujeito veste a pele de um cidadão-cordeiro, toma fechada no trânsito, passam o cara para trás no trabalho, ele agradece. Bota para dentro do corpo a ira em forma de açúcar, no wi-fi de casa eis a sua hora. Somos coitados diante de sua argumentação premiada pelos pombos.

Eu trato de ir noutra direção, que inclui textos aos quais o autor dedicou mais do que apenas ferozes cinco minutos. Sei que é difícil competir contra tanta mágoa, contra tanta corrente iracunda, mas por acaso no princípio deste mundo, quando inventaram a internet, imaginei que seria diferente? Eu não imagino como cheguei até aqui.

Percebo que teclo pelos cotovelos. Minha crônica de hoje é bradar, bradar como desejo o meu pedaço do queijo. Posso ser mais um ratinho assustado no planeta, mas pelo menos estou vivo. Passo um recado para quem na boa espera salvar-se em outra vida: se o mundo é este onde nos desentendemos com estardalhaço, o além não pode ser muito melhor. Quem está lá, um dia brilhou aqui, vejam como ficou este breve picadeiro.

Talvez lá sejamos os *haters* daqui e tenham que nos tolerar. Só isso? Nasce, cresce, reproduz e morre, pense em uma cerveja artesanal gelada na companhia de Gandhi, Jesus Cristo ou Buda, chego lá e o que existe é um Facebook distópico povoado por figuras lendárias. Para deixar comentário *inbox* pego a senha.

Eu sei, esta crônica sofre do sal. Vou ali comer minha sobremesa. Enquanto isso fique à vontade, mas faça o favor de não pôr os pés no sofá. Meu humor melhora depois de um cafezinho.

A CHANCE DE FICAR CALADO

Deu na imprensa. A cantora escocesa Annie Lennox, responsável por 75 milhões de discos vendidos, recebeu de uma rádio californiana uma peculiar proposta de trabalho: a coordenadora musical da rádio encontrou na rede uma seleção de canções da veterana cantora e gostou do que ouviu. Imediatamente teria enviado um e-mail para a talentosa artista de 62 anos de idade, 40 anos de carreira, quatro prêmios Grammy, tratando-a como se fosse uma iniciante.

Cá do meu canto de mercado, a notícia nem parece tão espantosa. Penso no porquê de Annie se lixar a ponto de divulgar. Deve ser a nossa recorrente reclamação, a velha história da falta de respeito: somos sujeitos da precariedade das relações, não vale a prontidão dos laços de amizade e afeto, vigora sob o sol amarelo e nas rádios um toma-lá-dá-cá motivado por necessidades momentâneas e fugazes. Daí que não se experimenta o verdadeiro respeito, o que certamente a tal coordenadora musical teria experimentado se tivesse se dado ao trabalho de uma pesquisa básica sobre a artista que aprendia a admirar.

Repercuti a notícia aqui em casa e a turma passou outros exemplos. O estagiário chegou certa manhã no trabalho louco por apresentar a banda incrível que havia descoberto na rede, seu tom de voz era de incontestável novidade: a banda se chamava Dire Straits e a música era Sultans of Swing. Demos risada.

Acrescento que atribuem a Nelson Rodrigues uma frase cascuda sobre o assunto: "Jovens, envelheçam!"

Não sou nem um pouco a fim de radicalizar de pé diante do povo jovem, muito bom ser jovem, tanto que a onda colateral desse assunto proposto por Annie Lennox é a galera veterana — que acumulou um pouquinho mais de sorrisos nesta vida — passar a se considerar repentinamente antiquada, para não dizer velha. Não deixa de ser uma vingança da tal coordenadora musical, cuja carreira a vocalista do Eurythmics teria jogado na fogueira ao divulgar o conteúdo do desastrado e-mail. Não sei o que aconteceu com Kylie (esse é o nome dela), se perdeu o emprego ou se foi até promovida. Mas fica nas nossas mãos de ouvintes um cartaz enorme onde anunciam sei lá que terrível idade. Quando a gente olha, debaixo do mesmíssimo sol, impossível não ver. Também por isso nós batemos palmas, Annie Lennox sabe. Já Kylie eu não sei, que tenha a chance de mostrar que aprendeu.

ALMOÇO GRÁTIS

A base da pirâmide não sabe, mas piloto e copiloto de aviões nunca recebem a mesma refeição quando em serviço. Há sempre para eles duas opções de refeição a bordo das aeronaves, o piloto escolhe uma e o copiloto a outra. A razão é óbvia: previne-se dessa forma que os dois comam juntos comida estragada e passem mal ao mesmo tempo durante o voo. Essa lei também se aplica à tripulação, por igual motivo, metade come a opção um, metade come a opção dois.

Rígidos protocolos de segurança como esse sobrevivem porque são indispensáveis. Ninguém está livre de uma falha no controle da cozinha, mesmo de uma cozinha profissional, responsável por milhares de refeições diariamente.

Quando o almoço é grátis, então, a responsabilidade é ainda maior. O cara paga pela passagem de avião imaginando uma viagem pacífica, no máximo aquele friozinho na barriga, característico da aventura fora da zona de conforto. Chega a hora do almoço e ele ataca o prato sem dó nem piedade, sai de perto que o apetite é quem manda. De graça é mais apetite ainda.

Diz o patrocinado ditado: não deixe para amanhã o que pode fazer hoje. Carpe diem, portanto. O almoço grátis deve ser examinado à luz dessa sabedoria. Quem oferece tem que estar preparado para a lógica do camelo, o que sobrar é lucro.

Volto ao papo sobre comando de aeronaves. Pilotos e copilotos de aviões já viram muito almoço grátis na vida. É claro que as tripulações também, sempre no interior dos Boeings superseguros. Como última salvaguarda, o que tranquiliza todos é o protocolo de segurança: piloto e copiloto jamais almoçarão juntos. São convidados indesejados nos almoços um do outro. Nessa mesa posta entre as nuvens, afeto não resolve. Afinal, pensa o despreocupado comandante: se ele come junto comigo, quem pilota o bendito avião?

Com certeza, fora o garçom. Que tem família, não é bobo nem nada, em terra firme declara que não responde pela cozinha. Na dúvida, mostra até a carteira.

FECHO OS OLHOS, E AGORA?

Durante minhas caminhadas pelo centro do Rio, passeio bastante pela Cinelândia, não tanto quanto deveria, pois o próprio tempo, enquanto algoz ilusório, torna o mundo, este mundo bestial onde vivo, terrivelmente menos interessante, como se não merecesse o mundo atenção maior que os canais de televisão, o Facebook ou o Twitter. Existe lá, portanto, no centro do Rio, um desses sinais clássicos de trânsito, tão cheio de gente viva parada, gente viva mesmo, esperando pelo verde ao atravessar, tão viva que faria vergonha a um roteirista da série *The walking dead*. Minha musa estava entre esses, do outro lado da Avenida Rio Branco, estava parada, com um par de livro seguros pelas mãos rente ao par de seios. O sinal verde nos saudou de repente, feito exatamente o senhor da multidão por trás de alguma tela da CET-RIO, convidando-nos a avançar ordeiramente: e ela simplesmente fechou os olhos e veio para os lados da minha calçada, desafiava aqueles que seguiam no sentido contrário apressados, fossem o que fossem, ela passou por mim, passou por todos, eu reparei. Uma vez do outro lado, imagino que tenha aberto os olhos e seguido em frente, dona completa de seu nariz, dona de uma coerência interna que só a ela interessa e que eu melancólico ignoro.

Penso em você, menina dos olhos fechados, dos livros rentes ao peito! Hoje respiram tantos como você, fecha os olhos para não enfrentar o quê? Seus olhos acobreados de desdém pelo real, entregues talvez a uma esperança cultivada na cama por incontáveis palavras sinceras. Fecha os olhos porque agora foram amores demais e amantes de menos, e o que dizem daquelas palavras sinceras? Tornaram-se falsas, por isso atravessa sob a proteção do sinal verde, fecha os olhos para não distinguir entre os vivos os cupidos.

Ou talvez sua esperança de caminhar na escuridão, quando sabe que cem sonhos vêm no sentido contrário, seja a força de conhecer de verdade o universo e conhecer de verdade os homens e as mulheres, largando por conta disso o sonho abandonado, entregando a responsabilidade. Eu caminharia assustado com essa decisão cega.

Você odiaria aquele olhar de julgamento, antes de se achar fraca e tola, e então começaria já do outro lado a também preencher o espaço vazio com julgamentos que comprou na esquina, no pipoqueiro ou no vendedor de artesanato. Ou ainda em um momento de raiva. Pensaria de forma vagabunda naquela emoção que te fez avançar pelas faixas brancas, sabendo certamente que estava segura, mesmo precisando de uma certeza boa.

Certeza muito perigosa, pois naquele sinal de trânsito, de olhos abertos, você poderia se apaixonar, ou descobrir enfim porque odiar, ou perceber como o seu sapato é feio, ou pretender descansar, ou se culpar por saber que ganha bastante dinheiro, mais do que a maioria daquele povo de gente viva, viva mesmo, que atravessa a rua preocupado com horríveis problemas.

Seus olhos abertos poderiam também testemunhar um instante de satisfação com as próprias palavras proferidas durante uma reunião naquela mesma manhã, poderiam atrelar aquela satisfação a algum objeto insanamente colocado no seu caminho para provocar a espécie de prazer valioso para o corpo. Seria um encontro de sinapses felizes dentro de sua mente, que você não teve, alguma coisa importante, um acontecimento muito importante, um troço para lá de importante, que quase ninguém ignora, e você não vê porque escolheu fechar seus olhos naquele momento. Momento que foi mágico para você.

Naquele instante, dezenas de pessoas olharam ao mesmo tempo para você, não o bastante para um vídeo na tevê ou um meme da internet, a relevância não conta, ainda rendeu esta crônica pretensiosa. Você realmente merecia palmas de parabéns.

FONES DE OUVIDO E POKÉMONS

Caminho a sós pela rua, tomado pelo espírito olímpico, enquanto ao meu lado percebo uma mulher curtindo seus fones de ouvido. Ela ouve música às sete da noite e tenta ignorar as inúmeras preocupações que a rua impõe ao pedestre. Não se entrega à barafunda de ruídos, prefere uma bela canção e se esquiva do mundo, preenche sua atmosfera pessoal com uma trilha sonora previamente estabelecida, para que suas músicas ordenem esta ou aquela emoção. Firma seus incríveis interesses enquanto caminha altiva, mergulha em si mesma, encara apenas minimamente a parte do universo da qual não pode escapar, esta nossa rua, é necessário chegar em casa.

Passa por nós um rapaz com o celular nas mãos e minha imaginação conclui que está caçando pokémons. Faço a comparação: assim como ela, nosso caçador também mergulha isolado em outro universo, o seu universo virtual, ignorando a rua, os carros, os pedestres.

Quem está certo? Eu me pergunto, sem almejar resposta. O que é bom na calçada repleta de sons e imagens dispensáveis? Desconhecidos, roncos de motores, conversas alheias e súplicas de pedintes? Meu mundo é esse, mas outros dois seres curiosos me interessam e vivem. Uma ouve música, outro caça pokémons. Eu caminho e não quero escapatória, minha escolha é a rua que chamamos de real.

Talvez fosse bom também procurar uma estação de rádio e entregar a leitura de meu dia a um locutor preocupado em atender aos interesses do público e dos patrocinadores. Não sei montar uma lista de músicas, sou completamente ignorante e as novas canções fogem de mim, comigo ficam sempre as mesmas.

Ao caçador de pokémons só posso proclamar nossa diferença. Este Rio olímpico que o pariu, pariu também a mim, e esta crônica anuncia que somos personagens da mesma história afinal. Somos colegas.

Somos colegas que se encontram aqui na interseção de nossos dois universos, somos personagens que interagem através destas linhas, desta visão que nós temos do caçador de pokémons, da visão que ele tem de uma imagem caçoando de sua competência na tela do celular.

Enquanto isso, nas arenas cariocas, os atletas disputam medalhas e espalham o querido espírito olímpico. O Rio de Janeiro vive dias intensos, os atletas competem nos campos, nas piscinas, nas pistas. Os atletas um dia também escolheram essa vida: pôr à prova sua capacidade física contra outros, seu corpo real, no mundo real, quem será ouro no fim?

Ninguém sabe. Ninguém sabe nem mesmo o que é esse estranho ouro metafísico. Temos duas ou três respeitáveis teorias, uns cuidam do corpo, uns ouvem música, uns caçam pokémons. Eu tento fazer o pouco que sei. Persigo esta superstição: estamos todos ligados.

O AMOR NÃO ESTÁ NO AR

Sobre filmes muito se discute, se fala, e com as conversas surgem as inevitáveis listas, dentre elas aquelas que elegem os melhores filmes da história. Peço licença para comentar a última lista do gênero em que meti os olhos, elaborada pela revista "The HolywoodReporter", a partir das opiniões de atores, produtores, diretores, roteiristas e executivos da indústria do cinema e da tevê.

Sobre ela tenho apenas um comentário. E vou levar em conta os dez filmes mais bem colocados e os temas que melhor resumem seus roteiros. Segue a lista:

1º "O poderoso chefão" (1972), tema: o poder
2º "O mágico de Oz" (1939), tema: a amizade
3º "Cidadão Kane" (1941), tema: o poder
4º "Um sonho de liberdade" (1994), tema: a liberdade
5º "PulpFiction" (1994), tema: a violência
6º "Casablanca" (1942), tema: o amor
7º "O poderoso chefão 2" (1974), tema: o poder
8º "E.T." (1982), tema: a amizade
9º "2001: Uma odisséia no espaço" (1968), tema: a civilização
10º "A lista de Schindler" (1993), tema: o holocausto

É claro que o leitor irá discordar desta lista, ela é motivo de óbvia polêmica, quem não reclamará da ausência de "A doce vida", de "Os sete samurais", de "Chinatown" e de "Um corpo que cai"? Por que não incluir "Cantando na chuva" ou "Silêncio dos inocentes"? E os fãs de ficção científica? Lembrarão que "Bladerunner" e "Matrix" merecem destaque em uma lista como esta. Quanto a nós, Brasil, falta algum filme brasileiro?

A verdade é que as listas servem é para isto mesmo: provocar o debate e nos fazer lembrar dos filmes que marcaram época em nossos corações.

E já que se falou em coração, vou direto ao comentário que antes prometi, gostaria de chamar atenção para uma característica desta lista e de outras que tenho visto. O leitor reparou que procurei concentrar em uma palavra o tema destes filmes? Foi difícil e pode ser que muitos não concordem, pois alguns deles têm roteiros complexos, como é o caso de "2001", outros são feitos de várias histórias e um roteiro, como é o caso de "PulpFiction". Fiz isso para que o leitor atentasse para a pequena participação do amor como tema em filmes tão famosos e cheios de prêmios. Entre os dez melhores há somente uma história de amor relevante, apenas uma!, em "Casablanca", onde aliás nem se pode dizer que ela tem um final feliz.

Não é curioso?

Agora vejam "O poderoso chefão", filme considerado o melhor de todos os tempos. Diz muito sobre a condição humana que nosso filme campeão tenha como tema o poder, ou melhor, a passagem do poder entre duas gerações de uma família mafiosa. E o poder surge outra vez como tema na continuação "O poderoso chefão 2" e em "Cidadão Kane", dois filmes também sempre lembrados em todas as listas.

O que me leva à confirmação do que eu já sabia, mas que devo relembrar aqui para que exercitemos o discernimento: o ser humano continua fissurado no fascínio que o poder provoca, nós ambicionamos o poder como quem precisa de uma droga perigosa, dele que alimenta como nenhum outro vício nosso orgulho, vaidade e soberba. Nossa sociedade venera o poder, repercute e reproduz sua vontade em todas as mídias, projeta assim desde canções típicas até vídeos caseiros gravados em *full* HD. O amor em nosso tempo só reverbera quando a serviço desses mecanismos, para reforçar ou redimir o discurso dos poderosos. Some, portanto, das telas sua força contestadora e dramática. A prova está nesta lista, que é quase um protesto, é o que pensam os mais influentes contadores de histórias do planeta.

Coitado do amor, são realmente filmes muito bons. Você discorda? Tem uma lista diferente onde o amor foi reinventado? Seja um poeta! Mas não adianta citar "Romeu e Julieta", não é filme, é peça de teatro. E sinto falta por aqui de muito final feliz.

PARA SEMPRE

E viveram felizes para sempre. A frase povoa o universo das fábulas que tanto li durante meus primeiros anos, dava a entender que a vida seguiria a partir daquela expressão simplesmente reta e alegre. Em si é uma afirmação perfeita, quer expressão melhor que o "para sempre" a substituir o término da jornada, o nosso encontro com aquela deusa vestida de negro e armada de uma foice? O "para sempre" viceja tão carregado de belas coisas e sentimentos que fica difícil não ansiar por ele, vivemos em busca do "para sempre" o tempo todo.

O ser humano alimenta uma obsessão pela eternidade, assim nossos amores são infinitos, nossas obras têm que ser perenes e as ideias têm que ser permanentes. Temos pouca ou nenhuma predileção por mudança, refiro-me à mudança que significa realmente algo, não me venha com essa de que trocou de celular. Existe um tanto de árvore em nós, metemos nossas raízes no mundo e esperamos que advenha o melhor, assim metemos o "para sempre" em nossa história sem parar, não mexa!, quero que fique desse jeito, está tão bonito.

A estratégia costuma ajudar enquanto não vêm as tempestades. Quando sobrevêm as paixões humanas com sua carga de irracionalidade a ilusão se desfaz. Somos quebradiços, somos poeira cósmica, somos uma estrutura de células coesa graças ao acaso da evolução. Deus é fé, é a eternidade falando, o povo adora. Acontece que a luta pela sobrevivência afasta o "para sempre" terrivelmente, sofremos, pois ninguém aceita o perrengue de não saber o dia de amanhã. Claro está que nunca se sabe, mas a ilusão tem demanda.

No clássico do cinema "A felicidade não se compra", o diretor Frank Capra põe o pessoal para pensar, assim como o personagem George Bailey, que lamenta a própria sorte parado em uma ponte, flertando com as águas ferozes do rio. Seu "para sempre" lhe deu uma família, mulher e filhos adorados, porém sua ambição da juventude exigia muito mais, viagens, aventuras no estrangeiro. Em um momento de extrema dificuldade, George questiona amargamente suas escolhas, a tarefa do seu anjo da guarda é recolocar seus sentimentos no rumo certo. Seu "para sempre" precisa ser restaurado, do contrário é infeliz.

Outro filme que trata essa ideia é o recentíssimo "Nebraska", de Alexander Payne. Não há "para sempre" que resista no coração de um senhor idoso quando ele acredita ter ganho na loteria, contra todos da família ele parte determinado em busca de seu prêmio ilusório. Mas engana-se quem pensa que o velho ruim da cabeça quer mudar de vida, não quer, o que mais emociona é ouvi-lo dizer que persegue o prêmio para que possa deixá-lo para os filhos.

Não sei quanto a vocês, mas eu às vezes fecho com o "nunca mais". É uma resposta àquela repetição que nos faz mal porque contém péssimas experiências, sinto que essa expressão também anda comum por aí. "Para sempre" ao menos carrega uma esperança, que coisa boa a esperança! Viver é muito mais um exercício de esperança do que negação pura e simples. Mas diante de tantos estímulos nocivos, saber negar possibilidades que surgem a cada instante é uma sabedoria valiosa. Eu aceito.

Só não aceito que ponham a culpa do "para sempre" errado nos escritores, nos contadores de histórias, nos roteiristas. A imaginação também é rainha do cotidiano e todos são responsáveis por sua própria história, as escolhas têm seu preço, que muitas vezes não desejamos pagar. A vida é tão plural que comporta os mais loucos amores, as mais insanas ambições e os maiores desatinos, que cada um encontre a sua resolução e encaixe o seu "para sempre" no lugar certo, no lugar que ele merece, o que não é fácil, mas vai uma dica: o "para sempre" costuma ficar logo antes do ponto final.

O AMARGO

Eu tenho acompanhado o debate sobre o valor do sal e do açúcar em nossa dieta contemporânea. Entre o doce e o salgado, ficamos como se entre o fogo e a frigideira, surge a obsessão por esta dialética: ela gosta mesmo é de brigadeiro, ele cai de boca em qualquer coxinha.
Outro dia um sabor amargo forçou uma discussão da relação:
— Onde é que você foi?
— Estava com a turma.
— Seu beijo está com gosto de petisco.
— Está é?
— O que você comeu?
— Comi um queijinho.
— Que queijo o quê! Parece alho, você comeu alho?
— Belisquei um frango à passarinho, amor.
A palavra amor no final da frase queria dizer desculpa, ele já imaginava o esporro que poderia vir logo adiante. Talvez fosse possível suavizar a bronca apelando para a paixão do início da relação, os dois costumam fazer isso. Ele tentou, mas não deu certo. O amor na história virou uma faca de dois gumes, foi a senha para o início da DR.
Ela não tolera o sabor amargo de tê-lo esperado por tanto tempo sem que desse qualquer notícia. Para ela este amargo é feito de algumas renúncias, possui uma liga que provoca ansiedade e insegurança, por isso ela rejeita o amargo onde o amargo estiver. Nem o manjericão fresco

da pizza é tolerado, a dama precisa é de chocolate, doce de leite, sorvete.

Para ele o amargo da cerveja incomoda, nem é de beber muito, come mais petisco do que bebe, o que não o impede de ficar tonto. O amargo dele é feito de uma acomodação que não consegue evitar, o cotidiano reina sobre o desejo e sua criatividade está bloqueada. Beber não resolveu o problema, mas o frango à passarinho estava delicioso, comeria duas travessas inteiras daquela.

Discussão de relação é um troço delicado e talvez seja essa a razão pela qual muita gente a detesta. Tem que ser sutil, tem que ser franco, tem que ser honesto, tem que ser paciente, tem que ser atento. Não pode ser burro: nunca seja amargo. Ser amargo é proibido na discreta arena de uma discussão de relação. Ganha-se como prêmio pela decisão temerária o fim da esperança. E sem esperança tudo o que se consegue é uma inimiga terrível pela vida afora.

Mas sobre a sina do amargo... creio que o amargo pode ser algo posto na salada misturado com uma porção de comida excelente. O amargo serve para muitas coisas, no mínimo serve para a gente dar mais valor ao sal e ao açúcar. Não pode ser aquele amargo frio que invade congelando o coração, mas pode ser a medida certa que devolve o sabor gostoso da vida.

Este cronista fala, mas não pratica o que diz. Sou um que não aguenta amargor, comi jiló uma vez para nunca mais, não adianta nem esconder o jiló no prato, aquele será detectado. Também ainda não aprendi a beber café sem açúcar ou adoçante. Talvez um dia eu chegue lá.

Penso: que mal há em ser amargo um tanto?

Melhor que azedar a alma de vez.

MEUS PÉS NA PISTA

"delicada estrela
que aos pares rodeia
beija, beija, beija"

Eu decidi deixar a aura de durão de lado e fiz matrícula em uma turma de dança de salão. Tem tempo isso, a pista tinha espelhos para todos os lados, e fabricava uma ilusão de desejada perfeição, nós, alunos homens, tentávamos ser o estimado exemplo de um cavalheiro, conferíamos nossa forma física enquanto aguardávamos a música tocar. Na primeira aula, a parceira que me coube veio em minha direção, braços e corpo estendidos prontos para a minha pegada de estreante. Seu rosto brilhava debaixo das luzes brancas, a música iniciou e dei o primeiro passo, para a frente, meu primeiro passo e pisei imediatamente o pé da parceira. Seu olhar de reprovação foi uma coisa educada, jamais vi igual, não houve nem um grito, apenas um morder de lábios, que morder!, um roçar de lábios foi o que me alertou para o meu ato lamentável. O professor não me deu perdão, acredito que fosse sua melhor aluna, arriscava comigo perdê-la na pista de dança, na hora apontou-me a instrutora, era óbvio que eu precisava de atenção especial. Aproveitei o máximo que pude a atenção especial, eu abandonaria a pista de dança duas aulas depois, mas não me esqueço daquele primeiro passo largo para frente, daquela parceira pisada pelo meu pé 43.

Ainda tenho a impressão de que o passo dela foi minúsculo. O meu com certeza foi largo, foi sim, mas o dela para trás foi mínimo, poderia ser contado em centésimos de segundo. Só que eu era o iniciante, não teve jeito, reclamaria na secretaria? Eu não tinha uma foto, nem um videozinho, não havia câmeras ligadas naquele instante, não poderia apelar para os amigos no Facebook, não tinha como contar com as curtidas ou com as hashtags da galera, aquela força incomparável que tira a gente da cama e nos leva direto para a tela do micro. Assumi a culpa.

Lembro disso porque hoje aquele pisão reverbera por aqui entre os meus neurônios, parece uns trovões alucinados de uma tempestade convocada por um herói da Marvel, eu me concentro na questão dos passos largos, como se os meus passos largos se ocupassem na verdade de retratar-me. São parte do meu movimento, da minha interação com este mundo ainda bestial! Essa interação tem um tanto de honesta no que expressa minha gratidão por viver, posso ver filmes, consigo ver filmes! Sinto perfumes e penso naquele passo mínimo para trás durante nosso breve contato durante uma aula de dança, quando eu banquei o arrojado, o homem intrépido, mas quem vivia conforme aquele passo minúsculo? Poderia tê-la curtido mais, olha!, a gente poderia ter tomado uma cerveja, poderíamos então ter conversado sobre o sabor de uma pizza, isso se eu não tivesse abandonado as aulas antes de um reencontro na pista, nem cheguei a me assenhorear dos ritmos e do espaço correto de uma parceira.

Meus passos largos talvez sejam consequência dos anos de jiu-jitsu e capoeira, é preciso manter os dois pés afastados para que se evite uma rasteira, para que se evite a queda, é preciso uma base segura, uma base larga. Alguém já me disse que os lutadores treinam para derrubar, não estão acostumados a manter o adversário (ou a parceira) de pé. Daí porque não dançam. Certamente fui o lutador sobre aquele pé tão delicado, eu ainda projeto de dançarino.

No filme "Indiana Jones e a última cruzada", Harrison Ford, o herói aventureiro, paralisa diante de um abismo quando deveria continuar, é o que diz a sincera dica escrita em um manual, trata-se de um passo de fé. Como continuar se o que ele vê adiante é um abismo? Alguém agoniza e precisa ser salvo, ele não pode voltar atrás, simplesmente dá um passo à frente. Um passo largo no vazio.

Aquela parceira perfumada nunca tomou um pisão como o meu. É que eu garanto: em cada passo nosso há muito da fé que temos na vida. Mas fé demais, eu reconheço, também machuca.

A PRIMEIRA VEZ

Ela tinha cerca de dezesseis anos e com ajuda de um rapaz tentava aprender a andar de bicicleta. Eu deslembro quando foi a minha primeira vez com a bicicleta, mas sei que foi com muito menos idade, tinha menos de oito anos com certeza. Dezesseis não é a idade ideal para este tipo de lição, a confusão em si é grande, falta paz para assimilar que o aprendizado exige tempo e paciência. Ainda assim ela insistia, o rapaz ajudava.

Estavam concentrados. Aprender a andar de bicicleta é uma façanha inesquecível e eu de longe os admirava. Não trocavam beijos, o que me deixou curioso sobre a natureza da relação entre os dois. Decidi para mim antes de começar a escrever esta crônica: eram namorados.

O rapaz sortudo, portanto, assumia um papel importante que costuma ser dos pais, aquela uma oportunidade única: no coração da sua garota participava carinhosamente do momento mágico. Era quase uma primeira transa, era quase um primeiro beijo!

De repente, naquele mesmo parque do Aterro eu já não precisava de rodinhas, deslizava sobre o asfalto quando criança e em duas rodas, o mundo incrível mais uma vez, o que era mesmo o medo?

Percebi daí que o casal estava no local errado para o aprendizado. Escolheram um trecho da ciclovia sim deserto naquele meio de semana, mas era um trecho de leve aclive. Subir atrapalhava o sucesso das tentativas, a bicicleta adernava para os lados, a bicicleta talvez fosse também muito grande para ela.

Eu gostaria de ter dito aos dois todas estas coisas. Com o tempo e a paciência o sujeito apura a percepção, só que a simpatia da gente vai no sentido contrário, meio que some aos poucos. Sinto que viro uma tartaruga de casco feio e enrugado, entregue às minhas teimosias.

Fala-se muito hoje de empatia, que é rara, e por isso tentam cultivá-la, para ver se ela ao menos nasce quadrada. Uma empatia quadrada há de ter serventia, especulam. Eu não sei. Para quê? Desconfio desta sociedade individualista que temos. Não acredito em anúncios publicitários, desconfio de líderes. Ninguém ouve, poucos conversam, todos sabem.

A simpatia pode não abrir portas, mas oferece a sala. Com algum esforço, com educação oferece. Às vezes uma simpática frase estabelece uma conexão valiosa. Olha, eu não quero vender nada, mas que tal se...

Tolice minha. O mundo vai na direção que vai, o cronista arrefece. O silêncio do parque do Aterro colaborava com minha preguiça de rugas e tartarugas. Bastava dar umas dicas a eles, mas eu não estava seguro de ser bem recebido.

Olha que ela está desistindo.

Desmontou da bicicleta. Ser simpático, dá pra ser ou não? Eu precisava deles mais do que de mim. Precisava vê-los perseverar. Estou deste pobre jeito e invadia a ciclovia rica cheio de autolimitações.

Foram embora sem tentar de novo aquela primeira vez. Foram para quem sabe quando voltar! A bicicleta bonita parada na garagem valeria como um prêmio de consolação. Um presente novo será o sucesso da noite de Natal.

DO AMOR NINGUÉM ESCAPA

Estava calma a choperia quando ela chegou e se sentou na mesa próxima. Dava para notar a jovem de cabelos longos ansiosa, logo esqueci a minha cerveja e o foco passou a ser aquela mulher agitada, que se mexia na mesa sem conseguir se acomodar na cadeira, sem saber o que pedir ao garçom, para onde olhar, se para o relógio ou para o celular, escolheu o celular.

Pediu uma água. Bebeu numa talagada só. Era mulher interessante, não sei se pelo brilho dos cabelos negros, que lançava de um lado para o outro da cabeça, não sei se pela qualidade de espera que trazia consigo, qualidade que me conduzia à dúvida que a agitava, quando será que ele chega?

Será que chega? De repente, eu estava também na torcida, mas de qual lado? Tinha dúvidas se poderia fazê-la feliz, sou um sujeito bastante esforçado, mas dançar nunca foi o meu jeito de fazer as coisas, já pisei em tanto pé, saio do ritmo, gosto de fazer tudo do meu modo. Tendo isso em mente, desisti da dama, que obviamente esperava por um cavalheiro, alguém capaz de uma dança e bom dia, assento no lado direito do carro e boa tarde, jantar suave e boa noite. Nada a ver com este ogro que escreve.

Agora dirá o leitor que, além de desajeitado, sou machista, porque é claro que a jovem esperava uma amiga, quem sabe a namorada... Surge cada coisa na imaginação enquanto se olha para uma mesa com uma cadeira importante vazia. Senta adiante o capeta, brinca-se de adivinhar o ser que vem, a curiosidade é como o vaivém dos garçons, interage até com o jogo na tevê.

E o cavalheiro veio mesmo, veio com o cachorro.

Tinha um ar de quem não percebe atrasos, veio com o cachorro feliz da vida na coleira, a jovem foi apresentada à fera. Que alegria ela sentiu quando o cachorro saltou feliz sobre seu colo! Deve ter ficado aliviada. Foi o que imaginei, se o dono e o cão chegaram como perfeitos amigos, que mais poderia ela esperar de seu encontro com o cão senão o início de uma amizade verdadeira?

O cachorro a aprovou no ato, dentro do peito dela um caldo amoroso queria nascer, olhava para aquele animal e para o seu cavalheiro, creio que sentiu a pressão arrefecer, pediu um chope. Ele não pediu nada, ofereceu a ela um beijo. Ela segurava o cachorro que acabara de conhecer, o cavalheiro ofereceu um beijo, desses que asseguram uma relação, que valem não pelo que entregam, mas pelo que buscam.

Ele ficou depois à vontade, deixou o cachorro amigo com ela, atravessou a rua no rumo da lanchonete, foi buscar um açaí. Seu cachorro então se tornou arisco, queria acompanhar o dono, restou a ela a inglória tarefa de contê-lo, a coleira esticava, ela dizia: quieto! A jovem olhava para a choperia como se merecêssemos desculpas, eu estava é grato por merecer aquele momento de intimidade, bebi um gole gelado de cerveja, ela virou o chope.

O cachorro pulava, fazia e acontecia. O celular tocou, ela tentava falar no celular, olhava o cardápio, segurava o cachorro, procurava pelo seu cavalheiro do outro lado da rua, ele esperava o açaí, ela pediu uma sopa. Quando o cavalheiro voltou, copo de açaí nas mãos, a jovem respirou finalmente: palmas para o cachorro mais lindo do universo, que cachorro lindo!

A cerveja estava gelada, a noite não tinha lua, mas quem quer saber da lua quando se forma diante de seus olhos uma provável família? A minha imaginação é que dizia, certamente o cavalheiro tinha um plano, o plano seguia conforme o planejado, enquanto isso aguardava que a jovem terminasse mais um chope e a sopa. Pediram a conta. Saíram juntos. Ela levou o cachorro pela coleira, foram conhecer o apartamento dele.

E a imaginação tomava conta de mim, a cerveja gelada honrava minha mesa, debaixo dela meus pés bailavam a dança do meu jeito. A televisão estava ligada. Uma frase: do amor ninguém escapa.

EU TAMBÉM SOU FOLIÃO

Não sou um folião típico. Dos que vão a blocos, vão à Sapucaí, dos que decoram os sambas-enredos das escolas, os sucessos da Bahia. Não sou o folião típico, minha folia é de outra ordem, que não cabe classificar aqui, sob pena de provocar desgostos e protestos. Neste sábado de carnaval eu voltava do cinema, onde conferia a programação pré-cerimônia do Oscar, cerimônia que este ano coincidiu com o desfile das nossas escolas de samba. Que dilema para os caseiros, acompanhar a transmissão em inglês da glamorosa festa americana ou assistir à farra majestosa e organizada de nossos desfiles. Este ano então, no Oscar teve gafe, uma gafe!, pode ter sido uma escolha difícil. Mas eu no sábado voltava do cinema.

As ruas no caminho para casa estavam vazias, a escuridão ajudava a refletir sobre o filme, eu cruzava direto com os alegres beberrões indo ou voltando de algum lugar, os encontros ajudavam a lembrar que a festa estava a um passo do meu caminho, um pequeno atalho e lá iria eu, povoar os blocos com mais uma fantasia, mais um contraste, mais uma danação.

Só que o filme era bom e a reflexão provava ser sedutora. Eu habitava a noite de carnaval trocando impressões com a rua irreverente, temendo encontros tristes, encontros medonhos, desencontros. Acompanhava os prédios e as portarias, os sinais verdes e as calçadas.

No final da rua escura, depois do mendigo no chão estirado como quem se aproveita do sono e reavalia os sonhos, vislumbrei o casalzinho. Sentados na mureta que delimitava o início do condomínio, respiravam e observavam o nada. Este nada talvez fosse o horizonte de uma praia pacífica onde pudessem se esconder das confusões vizinhas. Apesar da noite, minha noite estava clara, repleta de personagens familiares, aqueles fantasiados que antes vira, a inquietude era igual. Já o casalzinho era estranho. Não haviam trocado a festa por uma sessão de cinema, haviam trocado a folia de nosso carnaval pelo prazer de uma noite básica, em que se olhava simplesmente para o nada.

De mãos dadas.

Tão fácil dizer agora, é certamente ostentar cinismo debochar daquela especialização: eu faria a mesma troca, e eu testemunhei, então vou pensar assim, que foi recado irônico, os dois seriam na verdade meus líderes. Chamem uma equipe de televisão, ou o hospício, conforme a versão. Mas não, os dois humildes correriam das câmeras, não recebi vídeo pelo WhatsApp. Não desejavam ser líderes de ninguém, de nenhum bloco. Era somente uma ousada fantasia: estavam de mãos dadas no carnaval.

Eu passei por eles, vi aquela avenida. O filme muito bom, o almoço fora um churrasco supergostoso, na noite anterior eu dormira como se deve. E antes a sexta, antes a quinta, quando me dei conta era carnaval.

ENDORFINA, DIONÍSIO, APOLO

É possível que em algum momento daqui para o futuro, neste mundo que criamos com nossas qualidades e defeitos, sejamos avaliados pelas substâncias que ingerimos e produzimos no corpo, informação que será certamente utilizada como evidência de nossas prováveis capacidades. Desta forma, aquela aprovação desejada na entrevista de emprego, ou depois daquela declaração de amor, ou mesmo aquele convite amigo para um bate-papo dependerão de uma leitura que levará em conta os níveis costumeiros de endorfina do sujeito, de adrenalina, de dopamina, de serotonina. Também será importante saber, é claro, a quantas andará a concentração de nicotina, de álcool e outras drogas. Nada muito diferente do que acontece hoje, mas tudo segundo um costume estabelecido por impecável consciência científica.

Fazer amizade, casar ou conseguir um emprego serão, portanto, questão de uma simples análise mediante medidores sofisticados, a partir dessas leituras corriqueiras seremos reconhecidos como adequados ou não, nosso corpo será nosso grande cartão de visitas, vejo aqui o senhor adrenalina, lance o sujeito no campo ou no ringue, combaterá armado, vamos explorar todo esse grande potencial.

Penso e divago modestamente, leitor, me desculpe, escrevo parágrafos loucos porque sinto falta de endorfina. Normalmente minha cota diária precisa vir de exercício físico, notadamente a corrida, é através dela que tento suprir minha necessidade da bendita. Aquela sensação gostosa de cansaço e prazer também pode ser obtida através do sexo, mas deixemos o sexo para lá, meditação também libera endorfina, nem por isso se vê por aí o pessoal praticando meditação que nem coelho. Voltemos às corridas.

Da última vez que exibi preparo físico próximo do decente, resolvi participar de uma prova de corrida, não lembro se eram 5 ou 10 quilômetros, lá na orla da praia do Flamengo, percurso de ida e volta. Seguia-se pela pista da direita e na metade do caminho pegava-se a pista da esquerda rumo à faixa de chegada. Fui com um amigo mais preparado, que hoje se quiser corre até maratona, fomos em dupla, ritmo bem tranquilo, estávamos na pista de ida, meia pista de ida, quando então percebemos que já vinha voltando o líder pela pista da esquerda. A façanha me impressionou, fiz até o meu melhor tempo, ainda que meu parceiro tenha me largado perto da chegada, deu um *sprint* final que me deixou envergonhado. Mas a vergonha passou logo, a endorfina harmonizava minha prova com o dia, a meta tinha sido alcançada, senti que cumpri o meu papel. Depois da chegada sobra animação, o pessoal comenta os tempos, domingo de manhã e sol, endorfina é uma maravilha! Sabe que muitos atletas, quando abandonam a prática de exercícios, apresentam sintomas de abstinência de endorfina? Vá saber por que parei de correr então.

É que o danado Dionísio, deus das celebrações, tem tanta influência quanto a harmonia de Apolo e me carrega para a boemia tão constantemente que eu desapego dos cuidados físicos, acabo por dar graças aos prazeres da noite. Dionísio andou reinando nos últimos anos, mas tenho sentido que Apolo pouco a pouco retoma seu espaço, ele quer mandar nos meus quarenta, enquanto escrevo cobra o tempo que eu dedicaria para a corrida. Tenho obedecido com o auxílio da tecnologia, uso até um monitor cardíaco no pulso esquerdo (o troço apita quando eu roubo o exercício), uso também relógio com cronômetro no outro pulso, tênis bom no pé, estou pensando na academia, em voltar para o *spinning*. Serei daí o corredor e o ciclista, para triatleta faltará apenas a natação.

Sinto a calma que me rodeia.

Calma, pede Dionísio, e percebo como as tramas desse deus boêmio são divertidas!

Só que o verão vem chegando e sei que minhas últimas aparições na praia revelaram uma pança terrível, surge finalmente o abençoado hedonismo carioca! Em resposta, a vontade grande de ser do contra também apita, sou também do povo que sai da linha com a respeitável barriga.

Mas e a vaidade? Eis, meus leitores, o meu duelo interno. Fico até estressado, desestresso como? Alguém tem endorfina em pílulas por aí?

NO SOL SOU DE ASSAR AS COXAS

Por causa de uma corrida sob sol forte contraí assaduras. Elas atacaram-me na parte interna das coxas, como sinal de que elas — minhas coxas — atingiram um perímetro proibido, em que se tocam durante meus exercícios.

Ora, ora, que notícia! Vejam como sou: não poderei mais correr sossegado em toda a cidade. Em qualquer pista onde arriscar meus passos sobre tênis de corrida lá estarão meus detratores, a gargalhar de minhas futuras assaduras como quem vê da própria janela um dinossauro ainda vivo. Eles existem, não tenham dúvida, não os dinossauros, os que riem de meras assaduras. Só de imaginar meu andar assado e enviesado, as pernas tortas na calçada, a boca contraída em um efeito de quase espasmo, esses bárbaros ególatras sorriem. Se me veem na rua tomar a direção da farmácia mais próxima certamente disparam uma foto para o celular do amigo, em segundos a comunidade descobre o meu problema. Nada mal!

Foi para isso que inventaram a internet: para rir com mais eficiência da vida dos outros, não sabiam? Até as assaduras, não escapam nem as minhas assaduras, o que devo fazer a respeito? Mudo-me para a ilha de Páscoa. Parece que junto das famosas cabeças gigantes da ilha de Páscoa a internet não pega. No caso nem seria necessário mudar-me, nesta cidade a vantagem é a mesma.

Mas deixo as minhas assaduras para lá, tratei delas, já já brinco de bom. E o meu coxão? Este terei que partir em dois... brincadeira, de volta àquela dieta encomendada anos atrás, que deu certo de cara, mas que abandonei depois. O negócio é coxão duro, nada de coxão mole, coxa no tamanho certo e sem as assaduras, que ardem para burro, só que ninguém vê. Ainda bem, por isso conto e não mostro, não é bonito.

Bonito é o mar, são as pistas de corrida ideais para o meu exercício. Bonito é o horizonte aberto, largo diante dos olhos, desfazendo os focos de estresse. Gosto muito de correr, mas prefiro as ruas, fujo das esteiras, meu cenário é esta cidade em ação, as bicicletas passando, os pedestres da mesma vibe passando, os cachorros nas coleiras, até mesmo os carros. Em minha última viagem, arrumei um tempo para também correr, passeei.

Há para mim algo de vital nos exercícios ao ar livre. Academias funcionam, é claro, prestam serviço essencial. Mas eu decido me tratar nas ruas, sou da caminhada, sou do passeio, olho para baixo e olho para cima, para a frente é que se anda, vou descobrindo o comércio novo, as lojinhas e galerias. Os camelôs que surgem. Entro nos mercados, atravesso nos sinais, cuidado com os nossos buracos. Olha a cigana, os hare-krishnas sumiram, o pessoal toca flauta, guitarra, cavaco. Pede dinheiro para UNICEF, pede dinheiro, vende amendoim e paçoca, despista os pivetes. Sacode a ordem, sacode o caos. Cada assadura que arrumo é esta a história.

MINHA BREVE HISTÓRIA DA PIZZA

O pessoal aqui de casa sempre apostou na pizza. Quando eu e meus irmãos éramos adolescentes, saboreávamos uma pizza família para cada um de nós aos sábados. Não tinha erro, à noite elas surgiam na cozinha, esticadas nas formas, preparadas e prontas para o forno as nossas pizzas.

Revezávamos o sábado das pizzas com o sábado dos cachorros-quentes. Mas a pizza, a pizza era uma invenção perfeita de minha mãe na cozinha de nosso três-quartos alugado na Zona Sul do Rio. Dizem que a pizza foi inventada na Itália, mas é mentira: um dia foram uns italianos lá em casa, provaram a iguaria e roubaram a receita de minha mãe. Ora, meu pai nascera na terra da bota, resolvemos contemporizar, ninguém queria se indispor com os carcamanos do primeiro mundo. Deixamos nossa vontade de reclamar pra lá.

Com a vida adiante, descobri minhas preferências: rego a pizza que for com bastante azeite, gosto de manjericão fresco, aprecio tomates maduros e o molho em quantidade razoável, não pode virar uma piscina de molho. Coloco orégano, azeitonas verdes ou pretas são bem-vindas, não sou fã de massa biscoito e curto também aquelas pizzas de massa aerada, comuns nas padarias e nos botecos do Centro. As bordas com catupiry eu dispenso, acho uma contribuição fraca à receita, eu nem acho catupiry um queijo gostoso.

Já fui a muitos rodízios de pizza, comi aquelas meias fatias com camarão frito, com tudo o que se possa imaginar, acho divertido. O rodízio de pizza perde até um pouco a graça depois que se experimentaram todos os sabores. Lembro que após os quarenta anos fica mais complicado adotar essa forma de diversão, tem que sobrar espaço para a pizza de chocolate, para aquela de banana. Para o refrigerante, a cerveja ou o vinho. Uma vez um amigo, depois de vinte e tantos pedaços, não titubeou: para arrematar a farra pediu um singelo suco de mamão. Hábito de gente fina, com certeza.

Ainda com relação à pizza, passei uma época com uma historinha na cabeça: eu não me conformava com o fato de que não há entregadoras de pizza, então pensei em uma história de amor que começava com um pedido de entrega em casa. Mas eu não consegui avançar na trama, porque me faltava o pretexto capaz de fazer a entregadora entrar na casa do cliente desconhecido. Sou fraco com esse lance de pretexto.

No prédio do meu irmão há um forno a lenha, que ele usou para dar uma festa em que serviu apenas pizza. O tamanho da mão de obra não permitiu que preparasse a massa, comprou as massas prontas e foi ótimo. Tem como se divertir preparando pizza, distribuindo o queijo na massa, os diversos ingredientes, metendo as formas no forno quente. Qualquer hora aprenderei a girar, jogar aquelas massas para o alto e recebê-las com as mãos, será um truque legal para impressionar as crianças.

Criança adora pizza.
Eu sinto o passar dos anos e certas coisas não mudam.
Todos adoram pizza.

FÉRIAS, ESTE PRIVILÉGIO

O plano é simples: o sujeito agradece à vida pelo emprego que tem e tira férias, enquanto a senhora da foice não chega, porque a aposentadoria... essa não vem mesmo. Para ocupar uma parte das férias, ele decide por curtir rapidamente, pois a senhora inflação também fez o seu trabalho, nosso poder de compra é o de uma sabiá travessa, pelo menos pra mim, que sou um homem banal, que pensa em mar durante as férias.

Meu destino de viagem rápida foi nosso litoral carioca. Onde estão as praias? Lá fui eu atrás de água salgada. Não demorei a captar no arco de minha visão a imagem da areia branca que eu adoro, adiante o azul do oceano. Besuntado de filtro solar, fora raios UVA e UVB, quis mergulhar na água límpida.

Senti a civilização aí. Dei-me conta do celular, carteira, chave de casa. Olha a responsabilidade versus a liberdade, a comunhão ideal com a natureza prejudicada. Do celular eu queria as fotos, férias têm um quê de malandragem perante à comunidade. Neste instante da famosa era comum não se foge mais das férias alheias, lidemos com as imagens e palpitações.

Precisava do celular inclusive para ligações. E da minha carteira? Não conseguiria me livrar dela também, queria depois do mergulho provar uma água de coco, por exemplo. Levaria só dinheiro? Mas e a passadinha no quiosque para comer um negocinho, beber uma cerveja gelada? Sem cartão não dá. A chave poderia abandonar no bolso fechado a velcro da bermuda. Duvido que molhada bloqueasse meu retorno ao lar em pele fumegante, alucinado por uma chuveirada fria que me separasse do sal.

A civilização é esta: experimente uma praia de nosso litoral e verá que o introito impõe suas condições, junto aparece um mal-estar nada passageiro, reagindo contra nossa burrice de plásticos largados na natureza incomparável. Civilização tem mais a ver com destruir do que pensamos. E nos enganamos imaginando que tem como dar certo, não há qualquer garantia disso, a gente se extingue a partir do bom dia. Sem parar.

Preciso terminar a crônica. Salvaram-me da inadequação terrível duas senhoras que conversavam enquanto seus netos brincavam na água rasa. De outra vez salvou-me um pescador, a quem perguntei se o mar não estava muito mexido. Entreguei minha civilização para eles e virei um peixe. Sabe como é, peixe deste nosso mar não fecha olho. Era um olho meu na onda e outro na civilização ancorada na areia.

TANTOS ASSUNTOS

Não se trata de escrever aquela crônica sobre falta de assunto. É a grande quantidade de assuntos que move este cronista hoje. Procurei incansavelmente por um motivo que determinasse a crônica desta semana, mas agora, no momento de escrever, os assuntos todos saltam na minha cabeça de neurônio em neurônio, como se fossem bolas de basquete.

Cabeça de cronista é engraçada. A gente segue a vida para que ela não nos siga, assim não perdemos a vida nunca de vista. Porque na hora de escrever temos que estar no mesmo passo que a danada, a gente acelera o passo e alcança a sincronia, com o fato cotidiano, com alguma epifania. Eu estava nessa levada. A vontade era tanta que encontrei vários assuntos ao longo dos dias, fiquei sem saber o que fazer. Tentei separá-los um a um para ver qual era o mais interessante, anotei no papel em forma de tópicos para escolher um deles e guardar os outros para as crônicas seguintes. Fiquei insatisfeito. Tentei daí achar entre eles algo que compartilhasse as várias ideias, procurei, procurei feito um publicitário. Fracassei.

Pensei em apelar, escrever em papeizinhos, jogar para o alto e catar o ganhador, mas isso me pareceu desonesto. Concluí por fim que eu sofria à toa, não era falta de dedicação ou talento. Tinha apenas sucumbido aos milhares de estímulos a que estamos expostos todo santo dia. Reinava a confusão, afinal são tantos assuntos, faltava concentração.

Concentração. Esta sim é a preciosa qualidade que colore as figuras desses livros da hora. É a razão dos *best--sellers*. Capacidade de concentração na era da simultaneidade, se ligou no assunto? Estamos ligados em tudo, mas envolvidos profundamente em quase nada. Caí nessa sarjeta agora, sou um cronista paralisado pelos múltiplos estímulos.

Meu cão, por exemplo, ia virar assunto, foi fazer uns exames esta semana, eu estava preocupado. Mas então duas amigas serão mães no mesmo dia, pensei em escrever algumas linhas bonitas. Só que houve um acidente de carro estranho no caminho das minhas corridas, um homem enorme tremendamente calmo tentava apaziguar os ânimos de um baixinho furioso. Podia também entrar nessa.

Cronista está sempre se metendo em tudo.

O hábito da crônica cria esse cacoete, que se manifesta querendo examinar cada pedaço do cotidiano, como se fôssemos agentes contra a rotina. Tem quem escreva assim, mas também tem quem faça diferente. Vá entender.

Agora mesmo, enquanto escrevo, rola uma partidinha de futebol no *playground* do prédio ao lado, eu poderia gastar meu tempo olhando. Fazer como disse Domenico de Masi, praticar o ócio criativo.

São os estímulos. Vivem de tentar convencer a gente, não há um cheiro de flor no ar a nos conquistar como poética experiência, temos sempre que comprar alguma coisa. Essa diretriz surge nas mais diversas variações, a que eu gosto mais é a seguinte: precisamos fazer alguma coisa, porque a vida está passando, temos que aproveitar o dia! Aproveitar como? Às vezes, o melhor é não fazer nada.

A crônica saiu enfim. Meio atrapalhada, aos trancos e barrancos, mas creio que ela funciona. Gostaria apenas de redizer que não foi a vez da crônica sem assunto, esta aqui é uma crônica sobre muitos assuntos.

O leitor há de compreender.

AGRADECIMENTOS

Agradeço à minha família: sem o amor e o apoio dela estas crônicas não teriam sido possíveis. Agradeço aos amigos, eles que sempre geraram afetos e papos incríveis. Agradeço ao bairro de Laranjeiras, cenário de muitas destas histórias. Agradeço aos colegas cronistas, com quem tanto aprendi, do prazer de ler e comentar suas crônicas. Agradeço ao jovem Henrique Fendrich, que nos atura a todos na RUBEM e nos incentiva com seu entusiasmo. Agradeço ao Daniel Russell Ribas, pelo generoso texto que lemos na orelha. Agradeço a toda a equipe da Editora Moinhos. Agradeço aos queridos leitores, espero que tenham apreciado.

Este livro foi composto nas fontes Adobe Garamond Pro e Gotham no papel pólen soft para a Editora Moinhos enquanto Nelson Sargento cantava "Eu sou o samba..." num dia cinza entre as montanhas de Belo Horizonte. Era janeiro de 2018.